0 0 0 0 1 0 0 0 0 0 0 1 0 1 1 0 1 0 1

李 震 著

电子商务、工业机器人

数字经济时代的高质量充分就业

0 1 1 0 0 0 0 1 0

1110011100110

企业管理出版社
EMPH ENTERPRISE MANAGEMENT PUBLISHING HOUSE

图书在版编目(CIP)数据

电子商务、工业机器人：数字经济时代的高质量充分就业 / 李震著. -- 北京：企业管理出版社，2023.7
ISBN 978-7-5164-2872-6

Ⅰ. ①电… Ⅱ. ①李… Ⅲ. ①电子商务②工业机器人 Ⅳ. ①F713.36②TP242.2

中国国家版本馆CIP数据核字（2023）第140206号

书　　名：电子商务、工业机器人：数字经济时代的高质量充分就业
书　　号：ISBN 978-7-5164-2872-6
作　　者：李　震
策　　划：张　丽
责任编辑：张　丽
出版发行：企业管理出版社
经　　销：新华书店
地　　址：北京市海淀区紫竹院南路17号　　邮　　编：100048
网　　址：http：//www.emph.cn　　电子信箱：lilizhj@163.com
电　　话：编辑部（010）68701408　　发行部（010）68701816
印　　刷：北京亿友创新科技发展有限公司
版　　次：2023年8月第1版
印　　次：2023年8月第1次印刷
开　　本：710mm × 1000mm　　1/16
印　　张：13
字　　数：188千字
定　　价：78.00元

前　言

建设数字中国是数字经济时代推进中国式现代化的重要引擎，是构筑国家竞争新优势的有力支撑。根据《"十四五"数字经济发展规划》，2020年，我国数字经济核心产业增加值占国内生产总值（GDP）比重达到7.8%，这一比例预计在2025年将达到10%。当前，数字经济作为我国经济发展中最为活跃的领域之一，与经济社会各领域融合的广度和深度不断拓展，面临的发展形势正在发生深刻变化，在激发居民消费、创造就业岗位、促进经济结构转型等方面发挥重要作用。数字经济在规模保持高速增长之下逐渐成为国民经济的重要组成部分和增长动力。"十四五"规划和2035年远景目标纲要做出了"加快数字化发展，建设数字中国"的重要部署，以期通过做强做优做大数字经济赋能经济社会发展。与此同时，就业是民生之本，也是经济发展最基本的支撑和社会稳定的重要保障。"稳就业""实现更加充分更高质量就业"是当前我国就业工作的总目标。党的二十大报告指出"实施就业优先战略""强化就业优先政策，健全就业促进机制，促进高质量充分就业"。

作为数字经济最活跃和最集中的表现形式之一，电子商务为我国数字经济发展发挥了重要引领作用，其本身在相关政策的支持下也得到了快速发展。《"十四五"电子商务发展规划》显示，"十三五"时期，我国电子商务交易额从2015年的21.8万亿元增至2020年的37.2万亿元；电子商务从业人员规模超过6000万，电商新业态、新模式创造了大量新职业、新岗位，成为重要的“社会稳定器”。同时，工业智能化与人工智能被视为当前实现经济社会高质量发展的新动力源泉，工业机器人作为智能化生产的一项重要技术应用，在一国的经济结构转型和产业升级过程中发挥着举足轻重的作用，如促进全要素生产率提升、提高工业附加值助推价值链攀升、推动工艺创新和提升企业质量等。

本书基于数字经济、技术进步与劳动就业的相关理论，融入中国企业的实践推进，采用代表性数据库，从电子商务发展与工业机器人使用两个方面，理论阐述与实证分析其对高质量充分就业的影响效应。

第一章至第三章是电子商务篇。第一章采用2006—2019年中国城市面板数据和A股上市公司数据，以国家电子商务示范城市建设的政策实施为切入点，研究了城市电商化转型对劳动就业增长的影响，并从企业创业活力提升和企业绩效表现改善两个渠道所衡量的市场主体活力进行作用机制分析。第二章基于2010—2020年中国城市统计年鉴与工商企业注册数据，以跨境电商综合试验区设立涵盖的试点城市为依据，研究了跨境电商综合试验区设立对劳动就业增长的影响，并从城市出口增长和企业创业活力两个方面进行作用机制分析。第三章基于2011—2019年A股上市公司数据，研究了跨境电商综合试验区设立对企业就业技能结构升级的影响，并从城市经济增长和企业创新两个方面进行作用机制分析。

第四章至第六章是工业机器人篇。第四章利用2012—2016年中国工业机器人数据和中国劳动力动态调查数据，根据城市产业结构构建城市工业机器人使用程度的指标，研究了工业机器人使用对区域劳动力市场就业调整的影响，并从制造业与服务业两部门分析劳动工资与技能溢价的变化情况。第五章在包含劳动力技能需求和区域经济特性的理论框架下阐释了机器人智能技术应用对个人教育投资的影响效应及其影响机制，基于1990—2015年五次全国人口普查（抽样调查）微观数据实证研究工业机器人使用对劳动力就业结构与工资技能溢价的影响。此外，还分析了工业机器人使用对制造业高技能劳动力就业集聚溢出的影响。第六章研究了工业机器人使用对不同省份高技能劳动力就业占比和劳动生产率的影响，基于经济发展水平进行了地区异质性分析，并从企业研发能力角度进行了机制分析。

本书内容是近年来笔者在数字经济、发展经济学与劳动力市场等领域的研究成果，撰写过程中得到了北京师范大学赵春明、刘珊珊，东北财经大学王贝贝，西南财经大学彭刚，北京邮电大学李宏兵、柴范、张一凡、喀合热曼·麦麦提、唐培源的鼎力支持与协助，在此一并致谢。由于笔者自身水平有限，本书不妥之处敬请各位读者批评指正。

李 震

2023 年 6 月于北京

目录

第一章　城市电商化转型、市场主体活力与劳动就业增长①

作为数字经济的主要表现形式，电子商务发展成为促进战略性新兴产业和城市竞争优势的新途径。本章采用 2006—2019 年中国城市面板数据和 A 股上市公司数据，以国家电子商务示范城市建设的政策实施为切入点，采用双重差分模型考察了城市电商化转型对劳动就业增长的影响及作用机制。研究发现：城市电商化转型对当地劳动就业水平存在显著的提升效应。影响机制分析表明：城市电商化转型主要通过企业创业活力提升和企业绩效表现改善两个渠道释放了市场主体活力，进而提高了劳动力需求。进一步研究发现：分部门来看，城市电商化转型对当地工业部门和服务业部门的劳动就业水平提升更为明显；分地域来看，城市电商化转型对经济发展水平较高、国际互联网用户规模以及电信业务量较大城市的劳动就业促进效应更大。本章研究对理解电子商务等数字经济稳定就业和助企纾困解难具有显著的政策涵义。

本章结构安排如下：第一部分是引言与文献综述；第二部分是制度背景、理论机制与研究假说；第三部分是模型设定、变量选取和数据说明；第四部分是实证结果与分析；第五部分是作用机制检验与拓展分析；最后是结论与政策启示。

① 本章主要内容发表于《经济经纬》2023 年第 3 期，合作者为赵春明与刘珊珊。

一、引言与文献综述

“发展数字经济，建设数字中国”是我国构建新发展格局和推动经济高质量发展的重大战略方向，作为数字经济最活跃和最集中的表现形式之一，电子商务为我国数字经济发展发挥重要引领作用的同时，其本身在相关政策的支持下也得到了快速发展。商务部公布的《中国电子商务报告（2021）》显示，中国电子商务交易额从2012年的8.02万亿元跃升至2021年的42.3万亿元，其中2021年电子商务从业人数达到6727.8万人，同比增长11.8%，并连续多年成为全球规模最大的网络零售市场。同时，我国自2011年起开展国家电子商务示范城市创建工作，国家电子商务示范城市建设作为促进城市电商化转型的试点政策，是我国近几年推进现代市场体系建设和促进战略性新兴产业发展的新举措，在降低交易成本、促进城市绿色转型发展、降低企业税负等方面发挥积极效应（刘乃全等，2021；张乾等，2022）。截至2017年，先后有70个城市分三个批次逐步试点创建国家电子商务示范城市，积极推进城市电商化转型，并被赋予“优化资源配置、提升产业结构和带动就业”的重要职责。市场主体既是我国经济的韧性所在，也是稳就业的关键所在。一揽子稳住经济的政策措施相继出台，多措并举旨在激发市场活力、助力企业纾困解难和确保更多更充分就业（刘贯春等，2021；王贝贝等，2022；张光利等，2022）。在推动经济高质量发展目标和当前扎实稳住经济的现实背景下，深入探讨城市电商化转型如何激发市场主体活力进而达到稳就业的目标，无疑具有重要的理论价值和现实意义。

现有文献对电子商务发展的经济社会影响进行了多方面的研究，如促进家庭消费、提升扶贫效率、提高创业活力以及促进县域经济增长等（Luo等，2019；Couture等，2021；王奇等，2021；秦芳等，2022）。Fan等（2018）基于城市层面数据和多地区一般均衡模型的反事实估计研究发现，人口规模越小和地理位置越偏远地区的网络消费比重越高，电子商务发展通过消除企业进入的固定成本，进而不成比例地改善小城市获得各种商品的机会，并降低了城市之间生活水平的不平等。Luo 等（2019）基于中国家庭追踪调查数据的研究发现，电子商务的发展伴随着居民更高的消费增长，并且有助于减少消费的空间不平等。Couture 等（2021）采用阿里巴巴公司实施的农村淘宝计划作为政策冲击，考察了电子商务对农村农户福利的影响，研究发现，虽然农户通过电商平台消费得以福利改善，但农户收入并无明显变化。有别于此番研究结论，唐跃桓等（2020）基于电子商务进农村综合示范县的政策实施，研究发现电子商务进农村综合示范政策对当地农民人均收入有显著的促进作用。秦芳等（2022）从中国农村电商指数等角度也发现电子商务可以通过提升创业水平进而促进农户增收。此外，电子商务发展还可以通过扩大市场可及性产生显著的经济增长效应（王奇等，2021）。上述文献大多集中于电子商务影响消费者福利和农村家户福利的探讨，对电子商务如何通过释放市场主体活力促进劳动就业的研究还相对有限[①]。

区别于上述文献，本章将国家电子商务示范城市建设作为一项准自然实验衡量城市电商化转型，以国家电子商务示范城市为实验组，非国家电子商务示范城市作为控制组，采用 2006—2019 年中国城市面板数据、全国工商企业注册统计数据以及 A 股上市公司数据，运用控制城市和时间的双重固定效应的多期双重差分模型系统地考察城市电商化转型对劳动就业的影响，并从企业创业活力和企业绩效表现两个方面进行机制分析。此外，对劳动力部门就业调整和城市区域分布进行异质性效应探讨。最后，基于实证结果提出电子商务发展规划和稳市场主体以及稳就业的政策建议。

① 以往也有诸多文献从贸易开放（Dix-Carneiro 和 Kovak，2017）、产业政策（Criscuolo 等，2019）、区域性政策（Ku 等，2020；Hasan 等，2021）、互联网应用（施炳展和李建桐，2020）的角度探讨了其对劳动力市场就业分工的影响。

本章的边际贡献主要体现在以下三个方面:（1）借助国家电子商务示范城市建设作为城市电商化转型的准自然实验，通过构建双重差分模型，识别出城市电商化转型影响劳动就业的因果效应，克服了以往相关文献在缓解内生性问题上的不足。（2）基于微观企业数据对当地企业创业活力和企业绩效表现，如企业投资收益、营业收入以及盈利能力等渠道进行详细分析，得到了城市电商化转型影响劳动就业的微观机制，拓展了现有文献的研究边界。（3）对以国家电子商务示范城市建设为新抓手的城市电商化转型进行效果评估，对后续电商发展及就业优先相关政策的协同与优化，尤其是对我国当前稳定就业和助企纾困的政策实施提供了有益的参考。

二、制度背景、理论机制与研究假说

（一）制度背景

1. 城市电商化转型

自2003年后，随着互联网技术的普及，中国电子商务的发展步入正轨。2005年，国务院办公厅发布的《关于加快电子商务发展的若干意见》（国办发〔2005〕2号）充分肯定了电子商务对国民经济和社会发展的重要作用，各项支持政策开始逐渐出台。国家希望通过选择若干个电子商务发展基础较好的城市进行电子商务示范城市的创建工作，以发挥电子商务发展的模范带头作用。2009年，国家发展改革委和商务部正式批准深圳创建首个国家电子商务示范城市试点。2011年3月，国务院多部门联合发布了《关于开展国家电子商务示范城市创建工作的指导意见》（以下简称《意见》），《意见》指出了创建电子商务示范城市的重要意义，明确了其总体目标和主要任务。同年，北京市、上海市、青岛市、宁波市等22个城市被批准成为国家电子商务示范城市。随后，按照“试点先行，逐步推广”原则，国家发展改革委和商务部等多个部委分别在

2014 年和 2017 年分批次批复了若干个国家电子商务示范城市，至此，全国累计 70 个城市分三个批次被划定为国家电子商务示范城市。

2. 城市电商化转型的目标与措施

城市电商化转型的主要目标是:（1）创建一批具有典型带动作用的国家电子商务示范城市，促进电子商务健康快速发展，推动电子商务的规制与政策在局部地区取得突破性进展;（2）充分发挥电子商务在优化资源配置、提升产业结构和带动就业等方面的作用。

针对中央部门、地方政府推动电子商务发展的不同工作需求，一方面，重点支持中央有关部门依托国家电子商务示范城市，开展研究验证有关电子商务新政策的试点工作，包括网络（电子）发票应用试点、电子商务企业公共信息服务试点、电子商务支付基础平台试点、跨境贸易电子商务服务试点、电子商务诚信交易服务试点、电子商务标准和交易产品追溯服务试点等。另一方面，深化电子商务应用等示范城市创建工作要求，重点鼓励示范城市组织开展电子商务应用性试点工作。具体措施包括:（1）完善电子商务政策环境;（2）健全电子商务支撑体系;（3）加强电子商务基础设施和交易保障措施建设;（4）积极培育电子商务服务;（5）深化电子商务应用。

（二）理论机制与研究假说

电子商务是随着互联网技术的兴起而逐渐发展的新兴产业，不仅改变居民的生活消费方式，还促使企业生产经营方式发生重大转变。为了促进电子商务快速健康发展，中国积极开展国家电子商务示范城市创建工作以推进城市电商化转型，旨在创建一批具有典型带动作用的电子商务示范城市，充分发挥电子商务在优化资源配置、提升产业结构和带动就业等方面的作用。理论上而言，电子商务发展具有显著的消费者福利增进效应，一方面通过产品多样性丰富消费者选择集（Jo 等，2019），另一方面可以有效提高消费者搜寻次数、降低市场搜寻成本，对零售市场的产品价格产生显著影响（孙浦阳等，2017）。与此同时，电子商务发展及数字技术应用可以改善劳动力市场就业环境，主要体现为以下两点：（1）城市电商化转型能够降低劳动者的工作搜寻成本和信息搜寻成本（Goldfarb 和 Tucker，2019）。搜寻成本下降引致的竞争压力不仅促进厂商采取差异化的产品生产策略，还可以降低劳动力市场摩擦，进而使劳动力与工作岗位得以有效匹配。（2）城市电商化转型伴随着产业结构升级和电商平台经济发展。电商平台经济的发展推动了数字化技术应用和企业组织变革，作为新组织、新模式和新业态的电商平台经济可以改变企业传统经营模式，促进产品供给与需求有效对接，以及推进企业与消费者之间的沟通水平，激发企业生产潜力和创造劳动就业岗位，并带动更多的劳动力从农业、工业向服务业转移，解决就业机会不足的问题。据此，提出以下研究假说。

假说 1：城市电商化转型对劳动就业有显著的促进效应。

国家电子商务示范城市建设推动城市电商化转型，成为释放企业创业活力、创造新就业岗位和吸纳劳动就业的一个重要增长极。市场主体活力涵盖企业创业活力与企业生产绩效表现多个方面，且与营商环境优化息息相关（胡税根等，2021；张光利等，2022）。Huang 等（2018）通过研究发现，电子商务对企业创业和企业生产率具有显著的促进效应，电子商务发展不仅大大增加了新创业企业的进入，而且减少了现有企业的退出。具体来看：（1）电子商务技术通过引发创业环境的动态变化来影响创业活动，并促进现有企业的管理和运营。创业环境动态变化意味着更多的创业机会，吸引潜在的企业家进入市场（Cohen 和 Winn，2007；George 等，2016）。（2）电子商务的互联网开放特征促进技术变革和市场需求多样化，进而缓解了市场主体之间的信息不对称问题，减少了信息中间环节，提高交易匹配效率。通过降低城市产品市场的贸易和信息成本，电子商务可以通过提高对当地生产的需求、更好地获取要素投入来激发企业创业活力。新企业进入带动市场主体活力得以改善，进而创造更多的就业岗位，提高企业对劳动力的需求。据此，提出以下研究假说。

假说 2：城市电商化转型促进新企业进入，释放企业创业活力提高劳动力需求，进而促进劳动就业。

国家电子商务示范城市建设推动的城市电商化转型还可以显著降低传递信息所需的时间成本，同时通过促进线上活动进而降低企业交易成本，促进企业生产率提升（Litan 和 Rivlin，2001；Willis，2004）。来自中国的经验证据也表明互联网电子商务的发展能够通过促进企业研发进而促进中国企业全要素生产率水平的提升（陈维涛等，2019）。一方面，城市电商化转型意味着以数字信息技术、大数据、平台经济为代表的新技术被大量应用，直接提升了劳动者的生产效率，降低了企业的生产成本，推动企业扩张，并为社会提供了更多就业机会，改善了就业环境。另一方面，电子商务本身也可以作为一种高效的商品销售和营销渠道在制造业当中发挥作用，并带来制造业企业绩效表现的提升（王可和李连燕，2018）。企业生产率提升和绩效表现改善使得市场主体活力得以改善，进而提高企业对劳动力的需求。据此，提出以下研究假说。

假说 3：城市电商化转型改善企业绩效表现，企业生产经营改善促进了劳动就业。

三、模型设定、变量选取与数据说明

（一）模型设定

本章借助国家电子商务示范城市建设的政策实施，作为衡量城市电商化转型的准自然实验，采用多期双重差分法识别城市电商化转型的就业效应和作用机制。具体而言，基于 2006—2019 年国家电子商务示范城市与非示范城市之间的差异构成的政策冲击，以国家电子商务示范城市作为处理组样本来构建多期双重差分模型进行计量估计。本章构建的多期双重差分模型如下：

$$\ln Emp_{ct}=\alpha+\beta E\_Com_c\times Post_{ct}+\gamma X_{ct}+\mu_c+\lambda_t+\varepsilon_{ct} \quad (1-1)$$

其中，被解释变量 $\ln Emp_{ct}$ 表示城市 c 在年份 t 的城市劳动就业水平，包括城市单位劳动就业人数与城市劳动总就业人数，其中，城市劳动总就业人数是“城市单位劳动就业人数”与“城市民营和个体就业人数”之和。E_Com_c 表示国家电子商务示范城市，如果某一城市批复成为国家电子商务示范城市，则 E_Com_c 取值为 1，否则为 0。$Post_{ct}$ 表示国家电子商务示范城市批复的时间，将某城市批复成为国家电子商务示范城市之前的年份赋值为 0，设立之后的年份赋值为 1。对于对照组样本，均取值为 0。β 为核心估计参数，表示国家电子商务示范城市与非示范城市在政策试点前后的劳动就业水平差异。X_{ct} 表示城市层面的控制变量，以缓解因遗漏变量偏误与政策试点非随机性等内生性问题而可能导致的模型估计偏误。μ_c 表示城市固定效应，排除城市层面不随时间变动的因素对回归结果的干扰；λ_t 是年份固定效应，用以控制所有县域随时间变动的宏观因素；ε_{ct} 是随机扰动项；α 为截距项。模型所有估计结果的标准误在城市层面进行聚类，以缓解可能存在的序列相关问题。

模型（1-1）的识别假设是核心解释变量 $E\_Com_c \times Post_{ct}$ 与随机扰动项 ε_{ct} 不相关，就双重差分模型而言，政策处理变量的外生性意味着处理组与对照组样本需满足平行趋势假设，为此，采用以下措施缓解内生性问题：（1）在基准回归时，将计量模型（1-1）中的年份固定效应替换成省份 - 年份固定效应，以控制不同省份层面随时间变化的其他政策对回归结果可能造成的干扰，例如许多省份单独制定电子商务发展的政策导致不同省份电商的差异化发展；（2）采用事件研究法将多期双重差分基准模型扩展为动态模型，用以事前平行趋势检验；（3）排除同时期其他经济政策的实施对回归结果可能造成的干扰，例如“一带一路”倡议、减税政策、“宽带中国”战略，以缓解由遗漏变量偏误导致的内生性问题；（4）进一步提供基于多次随机冲击的安慰剂检验，以排除城市层面不可观察因素的干扰。

（二）变量选取

1. 被解释变量

被解释变量是城市劳动就业水平，参考王贝贝等（2022）的研究，采用城市单位劳动就业人数与城市劳动总就业人数衡量城市劳动就业水平，其中，城市劳动总就业人数是“城市单位劳动就业人数”与“城市民营和个体就业人数”之和。

2. 核心解释变量

核心解释变量是城市电商化转型，参考刘乃全等（2021）的研究，选取国家电子商务示范型城市建设衡量城市电商化转型。由于国家电子商务示范型城市是在城市层面逐年推广的，因此正如计量模型设定部分所言，国家电子商务示范型城市的政策分组变量定义为：某城市批复成为国家电子商务示范城市的当年和以后年份取值为 1，否则为 0。采用政策分组变量与时间虚拟变量的交互项测度城市电商化转型。

3. 中介变量

中介变量是企业创业活力和企业绩效表现，其中，企业创业活力采用城市新企业注册数衡量，企业绩效表现采用企业投资收益、企业营业收入和企业盈利能力衡量。

4. 控制变量

城市层面的控制变量分为两类：一是基准回归中控制的城市特征变量，用以缓解因遗漏变量偏误与政策试点非随机性等内生性问题而可能导致的模型估计偏误，包括城市区域面积、城市经济发展水平（人均 GDP 对数值、GDP 增长率）、城市产业结构（第三产业增加值占第二产业增加值比重）、城市财政收支情况（地方财政一般预算内支出占地方财政一般预算内收入比重）、医疗福利水平（医院卫生院床位数）、工业发展水平（规模以上工业总产值）、城市外资水平（实际使用外资金额）、公路货运量、邮政业务总量、城市基础教育水平（中学在校生人数）。二是稳健性检验中控制的其他政策变量，用以排除同时期城市层面的其他经济政策实施对回归结果可能造成的干扰，包括“宽带中国”网络信息基础设施建设的政策试点、“一带一路”倡议涵盖的节点城市、减税激励政策（固定资产加速折旧引致的投资税收优惠）。

（三）数据说明

本章主要研究对象是城市劳动就业水平，数据来自历年《中国城市统计年鉴》，年鉴详细记录了中国290多个城市（地级市）层面的生产总值、地方一般公共预算收支状况、劳动力就业状况（包括城镇单位从业人员期末人数、城镇私营和个体从业人员以及城镇登记失业人员数）、按行业分组的年末城镇单位就业人员（包括制造业、批发和零售业等19个行业部门）等信息。本章将样本限定为2006—2019年全市区的劳动力就业人数。在剔除变量缺失样本后，本章基准回归样本包含284个地级市14年的非平衡面板数据。

此外，国家电子商务示范城市和对应实施的年份信息来自国家发展改革委官方网站披露数据；2014—2016年度“宽带中国”示范城市名单来自工业和信息化部官方网站。采用城市新企业注册数量衡量企业创业活力，其数据来自全国工商企业注册数据库。采用企业投资收益、营业收入和盈利能力衡量企业绩效表现，其数据来自全国A股上市公司数据库。

主要变量定义与描述性统计如表1–1所示。

表1–1　变量定义与描述性统计

变量	定义	观测值	平均值	标准差	最小值	最大值
城市劳动就业水平	城市单位劳动就业人数	3,975	3.5339	0.8344	1.4375	6.8945
	城市劳动总就业人数	3,883	4.2229	0.8655	1.7197	7.4553
企业创业活力	新企业注册数量	4,044	10.0481	1.0703	2.5649	13.7735
企业绩效表现	企业投资收益	21,570	16.2848	2.4512	–1.6607	24.2235
	企业营业收入	30,016	21.3298	1.5047	12.8008	28.7183
	企业盈利能力	30,016	34.9534	12.8964	11	65
城市电商化转型	国家电子商务示范城市	3,976	0.1021	0.3028	0	1

续表

变量	定义	观测值	平均值	标准差	最小值	最大值
城市控制变量	城市区域面积	3,976	9.3622	0.8146	7.0148	12.4745
	城市人均 GDP	3,970	10.4109	0.7262	4.5951	13.0557
	城市 GDP 增长率	3,974	0.1064	0.0460	−0.1938	1.0900
	城市产业结构	3,975	0.9232	0.5077	0.0943	5.1683
	邮政业务总量	3,964	10.3018	1.2386	1.9459	16.4299
	城市财政收支情况	3,975	2.8800	1.9911	0.6488	21.5308
	城市外资水平	3,858	9.7779	1.9372	1.0986	14.9413
	城市公路货运量	3,935	8.8034	0.9308	2.9957	13.2253
	城市医疗服务水平	3,965	9.4812	0.7496	6.8459	12.0862
	城市工业发展水平	3,113	16.3464	1.3006	11.0387	19.5977
	城市基础教育水平	3,975	2.9201	0.7294	−0.2614	5.4403
	减税激励	3,976	0.2064	0.1168	0.0227	0.6667
	“宽带中国”战略	3,976	0.1376	0.3445	0	1
	“一带一路”倡议	3,976	0.0390	0.1936	0	1

四、实证结果与分析

（一）基准回归结果

首先，根据计量模型考察城市电商化转型对当地城市单位劳动就业人数的影响效应，表 1–2 第（1）列至第（3）列报告了回归结果，其中第（1）列是仅控制城市固定效应和年份固定效应的回归结果，估计系数为 0.1407，且在 1% 的统计水平上显著，初步说明城市电商化转型显著促进了城市单位劳动就业人数的增加。第（2）列是在第（1）列结果基础上进一步控制城市层面的控制变量的回归结果，且系数大小略有下降，但依然显著为正。考虑到各省可能会单独出台促进电子商务的政策，从而导致估计结果中包含了这些政策的效果进而被高估，为了解决这一问题，第（3）列是在第（2）列结果基础上将年份固定效应替换成省份 – 年份固定效应的回归结果，从而控制了所有可能存在的省级政策因素。结果显示，成为电子商务示范城市后，当地城市单位劳动就业人数显著提升。在前文变量选取部分，城市劳动总就业人数是“城市单位劳动就业人数”与“城市民营和个体就业人数”之和，表 1–2 第（4）列报告了国家电子商务示范城市建设对城市劳动总就业人数的回归结果，结果显示，在涵盖“城市民营和个体就业人数”之后，城市电商化转型依然存在显著的就业促进效应，与预期相符。

表 1–2　基准回归结果

	（1） 单位劳动 就业人数	（2） 单位劳动 就业人数	（3） 单位劳动 就业人数	（4） 劳动总 就业人数
$E\_Com_c \times Post_{ct}$	0.1407*** （0.0402）	0.1227*** （0.0389）	0.0981** （0.0380）	0.0698** （0.0335）
城市区域面积		0.2201 （0.1374）	0.0789 （0.1593）	0.0257 （0.1080）
城市人均 GDP		0.0136 （0.0504）	−0.0107 （0.0539）	−0.0354 （0.0371）
城市 GDP 增长率		0.4497*** （0.1656）	−0.0119 （0.1234）	−0.2899 （0.2198）
城市产业结构		0.0662 （0.0507）	−0.0110 （0.0500）	0.0451 （0.0479）
邮政业务总量		0.0773*** （0.0183）	0.0252* （0.0140）	0.0053 （0.0163）
城市财政收支情况		−0.0080 （0.0086）	−0.0163** （0.0065）	−0.0098 （0.0126）
城市外资水平		−0.0127** （0.0055）	0.0042 （0.0053）	0.0084 （0.0088）
城市公路货运量		−0.0159 （0.0165）	−0.0196 （0.0130）	0.0082 （0.0348）
城市医疗福利水平		0.0926 （0.0587）	0.0386 （0.0589）	0.0443 （0.0561）
城市工业发展水平		0.1116*** （0.0326）	0.0711** （0.0347）	0.1097*** （0.0348）
城市基础教育水平		0.0541 （0.0545）	0.0925* （0.0541）	0.1083** （0.0471）
控制变量	未控制	控制	控制	控制
城市固定效应	控制	控制	控制	控制
年份固定效应	控制	控制	控制	控制
观测值	3,975	3,043	2,983	2,968

注：*、** 和 *** 分别表示在 10%、5% 和 1% 的置信水平上显著，括号内为城市层面的聚类标准误。下同。

（二）稳健性检验

1. 事前平行趋势检验

运用双重差分模型进行政策评估的前提假设是处理组和控制组样本在政策冲击之前具有相同的时间变化趋势。为此，进一步采用事件研究法将计量模型拓展为动态模型，考察城市劳动就业水平在国家电子商务示范城市建设政策实施前后的不同变化趋势，以缓解样本选择偏误导致的内生性问题。具体而言，将计量模型（1–1）式中的 E_Post_{ct} 替换为 2006—2019 年的年份虚拟变量 $Year_t$，将其与政策分组变量 E_Com_c 进行交互，并且以 2010 年劳动就业作为基期重新进行检验。动态模型设定如下：

$$\ln Emp_{ct}=\alpha+\sum_{k=2006,k\neq2010}^{2019}\beta_k E\_Com_c\times 1\left(Year_t=k\right)+\gamma X'_{ct}+\mu_c+\lambda_t+\varepsilon_{ct} \tag{1–2}$$

其中，$E\_Com_c\times 1$（$Year_t=k$）表示国家电子商务示范城市政策处理变量与年份虚拟变量的交互，动态回归得到的系数 β_k 与置信区间如图 1–1 所示，被解释变量是城市劳动总就业人数。可以看出，边际效应线在国家电子商务示范城市建设之前较为平缓且集中在 0 轴附近，国家电子商务示范城市建设政策实施之后，边际效应线逐年远离 0 轴，估计系数显著增大。这表明国家电子商务示范城市和非示范城市在事前的就业趋势上并无显著区别，满足双重差分模型的事前平行趋势，非示范城市可以较好地作为国家电子商务示范市场的反事实，而国家电子商务示范城市在事后有显著的就业促进效应，且呈现出逐年增大的趋势。

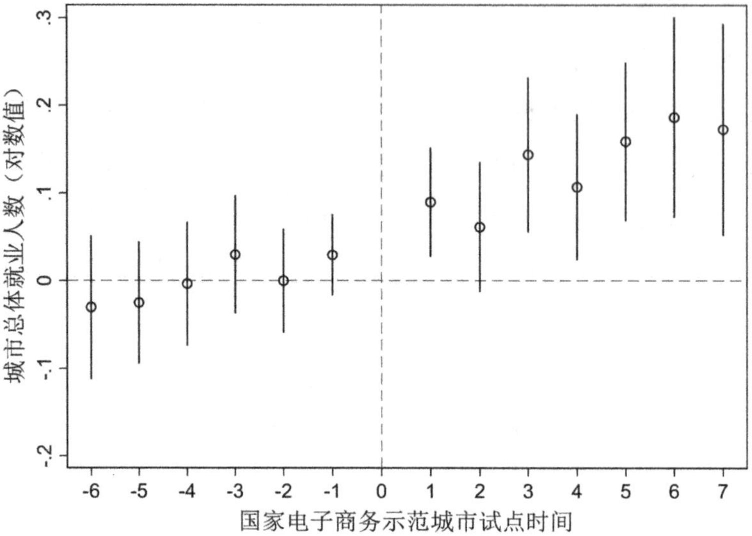

图 1-1　事前平行趋势检验

2. 排除同时期其他政策的影响

运用双重差分模型进行政策评估的另一个重要方面是排除同时期其他经济政策的干扰，后者可能会因遗漏变量偏误导致内生性问题。本章的样本窗口期为2006—2019年，时间跨度长达14年之久，劳动力就业的变化可能会受到除城市电商化转型政策之外的其他经济政策冲击的影响。面临不确定性的外部环境，一揽子稳住经济的政策措施相继出台，多措并举旨在激发市场活力、助力企业纾困解难和确保更多更充分就业（刘贯春等，2021；王贝贝等，2022；张光利等，2022）。为此，重点排除以下三个经济政策干扰以缓解内生性问题。

一是固定资产加速折旧引致的减税激励。为全面落实"六稳""六保"工作，规模性与组合式减税降费政策成为宏观经济调控的重要举措。其中，2014年首次试点实施并于2015年试点扩围的固定资产加速折旧政策在稳定市场主体、激发企业活力方面发挥了重要作用，固定资产加速折旧引致的减税激励不仅促进了企业投资（刘行等，2018），在劳动力就业稳定与技能提升方面也成效显著（刘啟仁和赵灿，2019；王贝贝等，2022）。如果减税激励较高的城市恰好是国家电子商务示范城市，那么本文的回归结果可能会高估电子商务发展的地区就业效应。为此，参照王贝贝等（2022）研究思路，采用份额移动法构建城市层面的减税指标，在回归中控制固定资产加速折旧试点行业引致的减税激励，回归结果如表1–3第（1）列所示，固定资产加速折旧引致的减税激励对城市劳动力就业的确有显著的促进作用，在控制固定资产加速折旧的试点政策后，城市电商化转型对劳动就业水平的影响依然显著为正，结果稳健。

表1–3 排除同时期其他政策的回归结果

	（1）	（2）	（3）	（4）
$E\_Com_c \times Post_{ct}$	0.1181*** （0.0388）	0.1094*** （0.0395）	0.1193*** （0.0440）	0.0980** （0.0407）
减税激励	0.4682*** （0.1595）			0.4697*** （0.1551）
“宽带中国”战略		0.0563** （0.0251）		0.0534* （0.0283）
“一带一路”倡议			0.0319 （0.0639）	0.0197 （0.0700）
控制变量	控制	控制	控制	控制
城市固定效应	控制	控制	控制	控制
年份固定效应	控制	控制	控制	控制
观测值	3,043	3,043	3,043	3,043

二是“宽带中国”战略的实施。除了城市电商化转型以外，以网络信息基础设施建设驱动的数字经济发展不容忽视。国务院于2013年实施“宽带中国”战略，旨在建设新一代国家信息基础设施，支撑经济发展和服务社会民生。2014—2016年先后有120余个试点城市进入“宽带中国”战略规划，不仅促进了城市间合作创新、企业技术知识扩散（薛成等，2020；种照辉等，2022），在农村劳动力非农就业与社会分工方面也

有显著影响（田鸽和张勋，2022）。为了排除其对回归结果可能造成的干扰，在回归中对“宽带中国”战略试点政策的实施加以控制，回归结果如表 1–3 第（2）列所示，“宽带中国”战略的试点城市也存在显著的就业促进效应，在控制“宽带中国”战略的试点政策后，城市电商化转型对劳动就业水平的影响依然显著为正，结果稳健。

三是“一带一路”倡议。2013 年“一带一路”倡议提出并实施，对中国与“一带一路”沿线国家和地区的经贸往来以及中国各地区经济发展产生了深远影响（吕越等，2019；蔡宏波等，2021），“一带一路”倡议促进中西部开放和收入改善，进而缩小了地区收入差距（李小帆和蒋灵多，2020）。电子商务发展对城市劳动力就业的影响可能包含了“一带一路”倡议引致的贸易投资效应的效果。为了控制“一带一路”倡议对不同地区劳动力就业的影响，在回归中进一步控制“一带一路”倡议涵盖的重要节点城市，回归结果如表 1–3 第（3）列所示，控制“一带一路”倡议涵盖的节点城市后，城市电商化转型对劳动就业水平的影响依然显著为正，结果稳健。

最后，表 1–3 第（4）列是将以上三个政策同时控制的回归结果，显示城市电商化转型对劳动就业水平的影响依然显著为正，结果稳健。

3. 其他稳健性和安慰剂检验

本章进一步采用控制变量乘年份虚拟变量的形式进入回归方程，以避免事后控制变量可能导致的“不合格控制变量”问题，回归结果如表 1–4 第（1）列所示，更换控制变量进入回归方程的方式后，结果稳健。在本章样本研究区间共有三批城市被划为国家电子商务示范城市，其中第一批时间是 2011 年 11 月，因此本章将第一批示范城市的实际进入时间设为 2012 年，回归结果如表 1–4 第（2）列所示，结果稳健。为了缓解可能存在的序列相关问题，本章基准回归将标准误聚类到城市层面，

表 1–4 第（3）列报告了采用省份聚类标准误的回归结果，结果稳健。电子商务发展水平在不同城市存在巨大的差异性，回归样本剔除直辖市重新进行回归，结果如表 1–4 第（4）列所示，结果稳健。

表 1–4　其他稳健性检验的回归结果

	（1） 控制变量进入	（2） 第一批设立时间	（3） 聚类至省份	（4） 剔除直辖市
$E\_Com_c \times Post_{ct}$	0.0816** （0.0403）	0.1291*** （0.0380）	0.1262*** （0.0383）	0.1082*** （0.0394）
控制变量	控制	控制	控制	控制
城市固定效应	控制	控制	控制	控制
年份固定效应	控制	控制	控制	控制
观测值	3,043	3,043	3,043	2,999

随机生成处理组的安慰剂检验。在本章的因果识别过程中，控制了诸多城市特征变量以及同时期其他政策的影响，但仍然可能存在不可观测的因素使得政策实施前处理组与控制组之间除国家电子商务示范城市建设以外的其他城市差异对政策评估产生潜在影响，进而导致估计偏误。基于此，借鉴 Li 等（2016）的研究思路，进一步采取如下安慰剂检验方法：首先生成政策对某一城市的随机冲击并重复 500 次，同时估计出随机冲击的均值，并在图 1–2 呈现所估计出的 500 次随机冲击的 t 值以及 t 值核密度分布，查看其是否与基准回归结果中的 t 值存在显著差异。结果发现，大部分随机抽样结果的 t 值都位于零值附近，呈正态分布，仅有少数估计结果的 t 值大于真实回归系数的 t 值，从而可以得出未观测的城市层面的因素几乎不会对回归结果产生影响，进而验证了基准回归结果的稳健性。

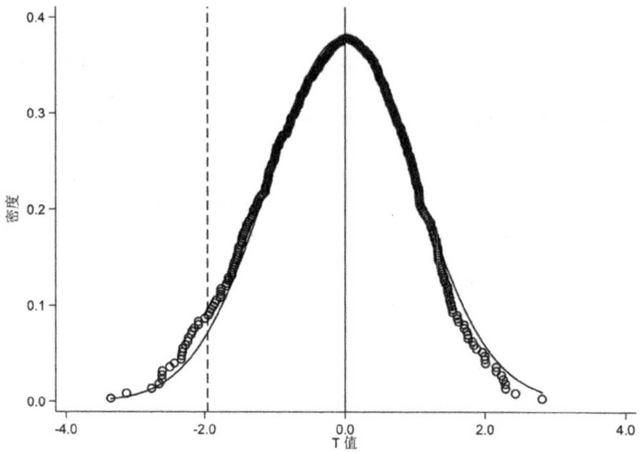

图 1-2 安慰剂检验

五、作用机制检验与拓展分析

(一)作用机制检验

以上实证分析得到城市电商化转型对当地劳动就业水平有显著的正向促进效应。那么，城市电商化转型促进劳动就业背后的作用机制是怎样的呢？根据前文的理论机制分析，本章认为，由国家电子商务示范城市建设衡量的城市电商化转型一方面可以降低交易成本和商品运输成本，进而降低企业进入市场的准入门槛，提升企业创业活力；另一方面可以提升企业的投资收益、经营收入和盈利能力，进而改善企业绩效表现。企业创业活力与企业绩效表现改善使得市场主体活力得以改善，进而创造更多的就业岗位，提高企业对劳动力的需求。接下来，本章将从企业创业活力和企业绩效表现两个方面，考察城市电商化转型对市场主体活力的影响。

1. 城市电商化转型释放企业创业活力

国家电子商务示范城市建设促进劳动就业水平的显著提升，当地新企业进入和创业活动对劳动力的需求增加是其中一个重要的因素。由于规模以上工业企业数衡量企业进入存在企业规模方面的样本选择偏误，并且因仅限于工业部门的企业样本而难以有效测度县域全部门的企业创业活动，为此，本章进一步借助于城市层面全行业工商企业的注册数据衡量企业创业活动，该数据来源于国家企业信用信息公示系统，涵盖了农业、工业以及服务业等部门大中小型企业的注册信息。

在本章的样本窗口期，城市层面的平均新企业注册数量由 2008 年的 18571 家上升至 2019 年的 73843 家，增幅高达 2.98 倍。基于此，进一步考察城市电商化转型对当地新企业注册数量的影响效应，回归结果如表 1–5 所示，其中第（1）列是仅控制城市固定效应和年份固定效应的回归结果，第（2）列是在第（1）列基础上将年份固定效应替换成省份–年份固定效应的回归结果，从而控制了所有可能存在的省级政策因素。结果显示，新企业注册数量的估计系数显著为正，相对于非示范城市而言，成为国家电子商务的示范城市将促进当地新企业注册数量平均每年提高 6% 之多，表明城市电商化转型显著促进了企业创业活力。

表 1–5　企业创业活力的回归结果

	（1）	（2）
$E\_Com_c \times Post_{ct}$	0.0665* （0.0351）	0.0635** （0.0297）
城市固定效应	控制	控制
年份固定效应	控制	未控制
省份–年份固定效应	未控制	控制
观测值	4,044	3,996

此外，基于表 1–5 新企业注册数量的回归结果，进一步采用事件研究法得到的动态效应如图 1–3 所示，结果显示，国家电子商务示范城市政策实施之前年份的估计系数主要在零值附近波动且不显著，而在成为国家电子商务示范城市之后，城市新企业注册数出现了相对增加的趋势，估计系数显著为正，尤其是 3 年之后的创业效应愈加明显，表明城市电商化转型确实显著提高了企业创业活力。

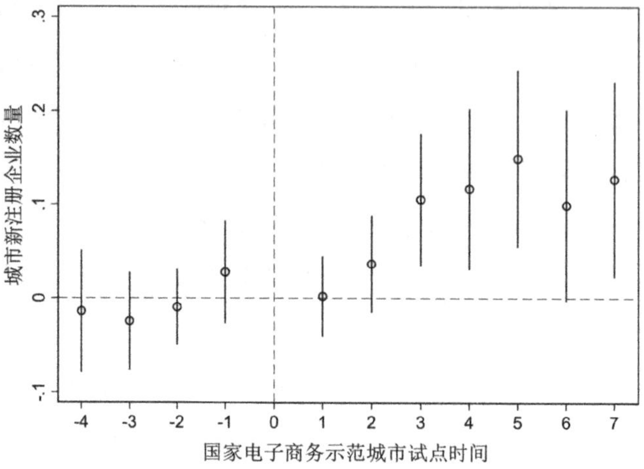

图 1–3　企业创业活力的动态效应检验

2. 城市电商化转型提升企业绩效表现

城市电商化转型促进劳动就业水平的显著提升，企业绩效表现改善进而对劳动力需求增加是其中另一个重要的因素。为此，本章采用 2006—2019 年 A 股非金融类上市公司为研究样本，数据来源为中国经济金融研究数据库（CSMAR）和万得数据库（Wind），剔除样本期间处于异常状况（ST 或 ST* 状态）的企业样本，并对连续变量进行了 1% 的缩尾处理。

针对企业绩效而言，重点考察企业投资收益、营业总收入以及企业盈利能力（利润总额 / 资产总计），此外，加入了企业规模、资产负债率、净资产收益率、总资产周转率、现金流比率、应收账款占比、固定资产占比等企业控制变量，均控制了企业固定效应和年份固定效应。回归结果如表 1–6 所示，结果显示，企业投资收益、营业总收入和企业盈利能力的估计系数均显著为正。表 1–6 第（1）列结果显示，相对于非示范城市而言，成为国家电子商务的示范城市将促进当地企业的劳动雇佣水平约为 3.9%，直观反映了当地企业对劳动力需求的增加。表 1–6 第（2）列至第（4）列结果显示，相对于非示范城市而言，成为国家电子商务的示范城市将促进当地企业的投资收益约为 11.0%、企业营业收入约为 1.7%，企业盈利能力约为 0.3%，国家电子商务的示范城市建设对企业的投资收益、营业总收入和盈利能力有显著的促进作用，表明城市电商化转型可以通过提升企业绩效表现进而对劳动力就业产生间接促进效应。

表 1-6　企业绩效表现的回归结果

	（1） 企业劳动雇佣	（2） 企业投资收益	（3） 企业营业收入	（4） 企业盈利能力
$E\_Com_c \times Post_{ct}$	0.0390*** （0.0129）	0.1099* （0.0612）	0.0174** （0.0071）	0.0032** （0.0015）
企业规模	0.6922*** （0.0065）	0.6793*** （0.0309）	0.9646*** （0.0036）	0.0062*** （0.0008）
资产负债率	0.0033 （0.0273）	−0.0731 （0.1278）	0.0036 （0.0151）	−0.0799*** （0.0031）
净资产收益率	−0.1721*** （0.0257）	1.2166*** （0.1246）	0.0312** （0.0143）	0.4990*** （0.0030）
总资产周转率	0.3365*** （0.0128）	−0.4873*** （0.0578）	1.1684*** （0.0071）	0.0028* （0.0015）
现金流比率	0.1500*** （0.0450）	−1.1594*** （0.2041）	0.5454*** （0.0250）	0.0483*** （0.0052）
应收账款占比	0.5216*** （0.0594）	−1.7752*** （0.2839）	1.0579*** （0.0328）	0.0228*** （0.0068）
固定资产占比	0.9204*** （0.0337）	−0.7578*** （0.1604）	0.4241*** （0.0187）	0.0110*** （0.0039）
企业固定效应	控制	控制	控制	控制
省份 - 年份固定效应	控制	控制	控制	控制
观测值	29,686	21,249	29,727	29,727

（二）拓展分析

1. 部门异质性分析

城市电商化转型促进劳动就业水平的显著提升，那么，劳动就业水平的提升在城市不同部门或行业之间的表现如何呢？一般认为，城市电商化转型是伴随着产业结构升级的过程，数字经济工具的应用推动了数字产业化和产业数字化应用，如电商平台的建设可以加速传统工业与需求对接，以及推进企业与消费者之间的沟通水平，带动更多的劳动力从农业、工业向服务业转移，解决就业机会不足的问题。

接下来，本章考察城市电商化转型对当地劳动力在不同部门之间的就业重新配置。首先，考察农业部门、工业部门以及服务业部门的劳动就业水平，回归结果如表 1–7 第（1）列至第（3）列所示。结果显示城市电商化转型对农业部门的劳动力就业影响不显著，且估计系数较小。城市电商化转型的就业促进效应主要得益于工业部门与服务业部门的劳动力就业增加，尤其是服务业部门的就业增加更加明显，相较于非示范城市而言，成为国家电子商务的示范城市将促进当地服务业部门劳动力就业平均提高 13%。其次，进一步考察服务业部门内部与电子商务发展相关行业的就业情况，从事电子商务业务活动的企业主要集中于“信息传输、计算机服务和软件业”行业（简称“信息相关行业”），表 1–7 第（4）列进一步报告了“信息相关行业”劳动就业水平的回归结果。结果显示，城市电商化转型对当地“信息相关行业”的劳动就业水平有十分显著的提升作用，估计系数相较于整体服务业部门提高了 1.15 倍。

表 1–7　部门异质性分析的回归结果

	（1） 农业部门	（2） 工业部门	（3） 服务业部门	（4） 信息相关行业
$E\_Com_c \times Post_{ct}$	0.0341 （0.1005）	0.1074** （0.0537）	0.1296*** （0.0280）	0.2789*** （0.0550）
控制变量	控制	控制	控制	控制
城市固定效应	控制	控制	控制	控制
年份固定效应	控制	控制	控制	控制
观测值	3,026	3,013	3,007	3,043

此外，基于表 1–7 分部门或行业的回归结果，进一步采用事件研究法得到不同部门（行业）就业的动态变化如图 1–4 所示。可以看出，国家电子商务示范城市建设政策实施之前年份的估计系数主要在零值附近波动且不显著，而在政策实施之后，农业部门的劳动力就业依然不显著，而工业部门与服务业部门的劳动力就业出现了相对增加的趋势，工业部门与服务业部门劳动力就业的估计系数均显著为正，尤其是“信息传输、计算机服务和软件业”的劳动力就业增长幅度最大。图 1–4 动态效应表

明城市电商化转型的劳动就业促进效应主要源于城市内部不同部门（行业）之间的就业调整，服务业部门和信息相关行业劳动力就业是其主要的增长来源。

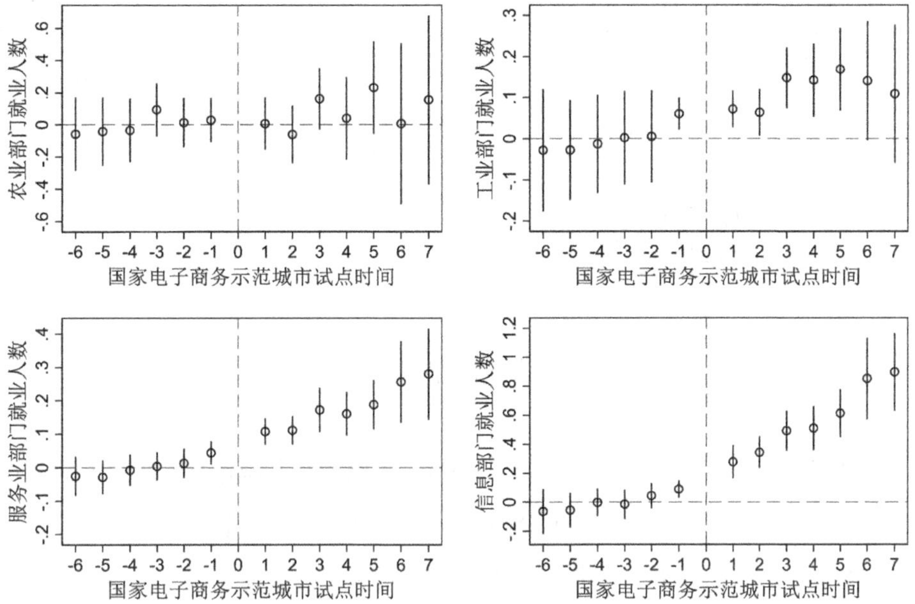

图 1–4　不同部门（行业）就业的动态效应检验

2. 区域异质性分析

除了当地不同部门的劳动就业出现差异化增长趋势以外，不同城市之间的劳动就业变化趋势如何呢？本章进一步探讨了劳动就业水平的提升在不同城市之间的变化情况。具体而言，根据人均生产总值、国际互联网用户数、电信业务量三个角度将城市划分为不同的组边，然后以交互项的形式进入回归方程，分析城市电商化转型对不同城市劳动就业的异质性影响。回归结果如表 1–8 所示，结果显示，人均生产总值、国际互联网用户数、电信业务量水平较高的城市，城市的电商化转型对劳动就业的促进效应更加显著，反映了城市电商化转型稳定就业在城市之间巨大的异质性。

表 1-8　区域异质性分析的回归结果

	（1）	（2）	（3）
电子商务示范城市 * 人均生产总值	0.1367** （0.0578）		
电子商务示范城市 * 国际互联网用户数		0.0649* （0.0343）	
电子商务示范城市 * 电信业务总量			0.0675** （0.0336）
电子商务示范城市	-1.3873** （0.6013）	-0.8147* （0.4545）	-0.8243* （0.4310）
城市固定效应	控制	控制	控制
年份固定效应	控制	控制	控制
观测值	3,795	3,786	3,786

六、结论与政策启示

本章借助“国家电子商务示范城市”建设作为城市电商化转型的准自然实验，以 2006—2019 年全国 284 个地级市的非平衡面板数据作为研究样本，运用多期双重差分模型重点考察了城市电商化转型对劳动就业水平的影响。结果表明，与非示范城市相比，国家电子商务示范城市建设可以显著提升城市单位劳动就业人数和城市劳动总就业人数。在排除同时期如固定资产折旧加速、“宽带中国”战略、“一带一路”倡议等其他政策对城市劳动就业的影响后发现，城市电商化转型仍然显著提升了劳动就业水平，该结果通过多项稳健性和安慰剂检验。影响机制检验表明，城市电商化转型通过促进企业创业活力和企业绩效表现等渠道释放了市场主体活力，进而提升城市劳动就业水平。进一步研究发现，分部门的异质性分析表明，城市电商化转型促进当地服务业部门劳动力就业平均提升 13%，尤其是“信息相关行业”的劳动就业水平，平均提升幅度是整体服务业部门的 1.15 倍。分区域的异质性分析表明，人均地区生产总值、国际互联网用户数、电信业务量水平较高的城市，城市电商化转型对劳动就业水平的影响更加明显。

国家电子商务示范城市建设作为促进城市电商化转型的激励政策，发挥了显著的就业促进效应，为我国“稳就业”目标的落实提供了经验证据。基于上述理论分析及实证回归结果，提出如下政策建议：（1）地方政府在响应国家号召大力发展数字经济时，可以着力发展电子商务等新业态，打造本土电商平台，采取积极的政策措施鼓励和引导电子商务的健康发展，借助电子商务新业态带动更多就业岗位。（2）政府应重视电商产业人才的引进与培养，打造完善的电商教育和培训体系，全方位、多层次、全渠道地培养相关领域人才；在进一步加强移动通信、道路交通等硬性基础设施建设的同时，也要大力解决电子商务领域的法律体系、监管制度和平台治理原则等软性基础设施建设问题。（3）城市电商化转型有助于释放市场主体活力，当前稳定市场主体、助企纾困解难是我国实施宏观财税政策的主要目标，可进一步考虑就业优先政策与数字经济发展政策的协同与优化，优化地方营商环境，降低企业市场准入门槛和劳动力市场摩擦，助力相关政策有效落地。

本章参考文献

蔡宏波，遆慧颖，雷聪，2021.“一带一路”倡议如何推动民族地区贸易发展？——基于复杂网络视角 [J]. 管理世界（10）：73-85、127.

陈维涛，韩峰，张国峰，2019. 互联网电子商务、企业研发与全要素生产率 [J]. 南开经济研究（05）：41-59.

胡税根，冯锐，杨竞楠，2021. 优化营商环境、培育和激发市场主体活力 [J]. 中国行政管理（8）：16-18.

李小帆，蒋灵多，2020.“一带一路”建设、中西部开放与地区经济发展 [J]. 世界经济（10）：4-27.

刘贯春，叶永卫，张军，2021. 社会保险缴费、企业流动性约束与稳就业——基于《社会保险法》实施的准自然实验 [J]. 财经研究（5）：152-169.

刘乃全，邓敏，曹希广，2021. 城市的电商化转型推动了绿色高质量发展吗？——基于国家电子商务示范城市建设的准自然实验 [J]. 财经研究（4）：49−63.

刘啟仁，赵灿，2020. 税收政策激励与企业人力资本升级 [J]. 经济研究（4）：70−85.

刘行，叶康涛，陆正飞，2019. 加速折旧政策与企业投资——基于“准自然实验”的经验证据 [J]. 经济学（季刊）（1）：213−234.

吕越，陆毅，吴嵩博，王勇，2019.“一带一路”倡议的对外投资促进效应——基于 2005—2016 年中国企业绿地投资的双重差分检验 [J]. 经济研究（9）：187−202.

秦芳，王剑程，胥芹，2022. 数字经济如何促进农户增收？——来自农村电商发展的证据 [J]. 经济学季刊（02）：591−612.

施炳展，李建桐，2020. 互联网是否促进了分工：来自中国制造业企业的证据 [J]. 管理世界（4）：130−149.

孙浦阳，张靖佳，姜小雨，2017. 电子商务、搜寻成本与消费价格变化 [J]. 经济研究（7）：139−154.

田鸽，张勋，2022. 数字经济、非农就业与社会分工 [J]. 管理世界（5）：72−84.

王贝贝，陈勇兵，李震，2022. 减税的稳就业效应：基于区域劳动力市场的视角 [J]. 世界经济（7）：98−125.

王可，李连燕，2018.“互联网 +”对中国制造业发展影响的实证研究 [J]. 数量经济技术经济研究（6）：3−20.

王奇，牛耕，赵国昌，2021. 电子商务发展与乡村振兴：中国经验 [J]. 世界经济（12）：55−75.

薛成，孟庆玺，何贤杰，2020. 网络基础设施建设与企业技术知识扩散——来自“宽带中国”战略的准自然实验 [J]. 财经研究（4）：48−62.

张光利，薛慧丽，兰明慧，林嵩，2022. 行政区划调整与地区市场主体活力——基于“撤县设区”政策与创业活动的视角 [J]. 经济理论与经济管理（4）：84-97.

张乾，葛国庆，薛健，2020. 数字经济促进了企业避税吗——基于电子商务示范城市创建的准自然实验 [J]. 会计研究（4）：71-88.

种照辉，高志红，覃成林，2022. 网络基础设施建设与城市间合作创新——“宽带中国”试点及其推广的证据 [J]. 财经研究（3）：79-93.

Cohen B，Winn M I. Market Imperfections，Opportunity and Sustainable Entrepreneurship[J]. Journal of Business Venturing，2007，22（1）：29-49.

Couture V，Faber B，Gu Y Z，et al.，2021. Connecting the Countryside via E-Commerce：Evidence from China[J]. American Economic Review：Insights，3（1）：35-50.

Criscuolo C，Martin R，Overman H G，et al.，2019. Some Causal Effects of an Industrial Policy[J]. American Economic Review，109（1）：48-85.

Dix-Carneiro R，Kovak B K，2017. Trade Liberalization and Regional Dynamics[J]. American Economic Review，107（10）：2908-2946.

Fan J T，Tang L X，Zhu W M，et al.，2018. The Alibaba effect：Spatial Consumption Inequality and the Welfare Gains from E-commerce[J]. Journal of International Economics，114（9）：203-220.

George，Mary N，Parida V，et al.，2016. A Systematic Literature Review of Entrepreneurial Opportunity Recognition：Insights on Influencing Factors[J]. International Entrepreneurship and Management Journal，12（2）：309-350.

Goldfarb A，Tucker C，2019. Ditigal Economics[J]. Journal of Economic Literature，57（1）：3-43.

Hasan R，Jiang Y，Rafols R M，2021. Place-based Preferential Tax Policy and Industrial Development：Evidence from India's Program on Industrially Backward Districts[J]. Journal of Development Economics，150（5）：102621.

Huang B，Mohamed S，Song Q Y，et al.，2018. E-commerce Development and Entrepreneurship in the People's Republic of China[R]. ADBI Working Papers.

Jo，Y J，Matsumura M，Weinstein D E，2019. The Impact of E-Commerce on Relative Prices and Consumer Welfare[R]. NBER Working Papers.

Ku H，Schonberg U，Schreiner R C，2020. Do Place-Based Tax Incentives Create Jobs? [J]. Journal of Public Economics，191（11）：104105.

Li P，Lu Y，Wang J，2016. Does Flattening Government Improve Economic Performance? Evidence from China[J]. Journal of Development Economics，123（11），18-37.

Litan R E，Rivlin A M，2001. Projecting the Economic Impact of the Internet[J]. American Economic Review，91（2）：313-317.

Luo X B，Wang Y，Zhang X B，2019. E-Commerce Development and Household Consumption Growth in China[J]. Working Paper.

Willis J L，2004. What Impact Will E-Commerce Have on the US Economy? [J]. Economic Review-Federal Reserve Bank of Kansas City，89：53-68.

第二章 跨境电商、出口扩张与城市劳动就业增长[①]

跨境电商综合试验区是中国创新贸易业态模式和推动外贸高质量发展的重要举措。本章基于2010—2020年中国城市统计年鉴与工商企业注册数据，以跨境电商综合试验区设立涵盖的试点城市为依据，采用多时点双重差分模型考察跨境电商综合试验区的地区就业效应。研究发现：跨境电商综合试验区设立对地区整体就业有显著的促进作用，政策效应随时间推移而逐渐增强。机制分析表明：跨境电商综合试验区设立可以显著促进城市出口增长和企业创业活力，进而提高劳动力需求。拓展分析发现：当地数字经济与电信业务的发展会促进跨境电商综合试验区稳就业效应的发挥；跨境电商综合试验区的就业效应在当地不同部门之间存在显著的溢出效应。本章研究为制定稳市场主体稳就业的贸易政策提供理论依据和参考。

本章结构安排如下：第一部分是引言与文献综述；第二部分是制度背景、理论机制与研究假说；第三部分是模型设定、变量选取与数据说明；第四部分是实证结果与分析；第五部分是作用机制检验与拓展分析；最后是结论与政策启示。

① 本章主要内容发表于《经济科学》2023年第4期，合作者为赵春明与李宏兵。

一、引言与文献综述

发展贸易新业态新模式是我国建设更高水平开放型经济新体制的重要组成部分和促进国内国际双循环新发展格局的重要推动力量。近年来，世界贸易和产业分工格局发生重大调整，不稳定性和不确定性增强致使国际贸易环境日趋复杂，为促进外贸平稳发展，党的十九大报告指出“拓展对外贸易，培育贸易新业态新模式，推进贸易强国建设”。以跨境电子商务、市场采购贸易方式为代表的外贸新业态新模式呈现出快速发展态势，如“十三五”时期跨境电商综合试验区增至105个，交易规模5年增长近10倍，贸易发展韧性与创新活力得以显现。当贸易传统竞争优势遭遇新冠疫情严重冲击时，跨境电商贸易则实现了逆势增长，2022年跨境电商出口规模达到1.55万亿元，增长幅度高达11.7%，成为推动外贸转型升级和高质量发展的新生力量。然而，一方面，跨境电商贸易新业态快速增长的同时，其对中国经济发展的具体影响还有待于进一步考察；另一方面，稳市场主体稳就业成为当前我国经济工作的重心，稳保就业是“六稳”“六保”之首，关乎经济长远发展，更有利于增进民生福祉。鉴于此，本章基于区域劳动力市场的视角，以跨境电商综合试验区为例，考察跨境电商贸易新业态的稳就业效应。本章不仅为评估跨境电商综合试验区设立的就业效应提供经验参考，同时在跨境电商综合试验区如何更好地服务外贸创新发展和释放市场主体活力方面具有显著的政策含义。

近年来，随着跨境电商外贸新业态的快速发展，对跨境电商的研究受到学术界的广泛关注。跨境电商作为外贸创新发展的新业态新模式，本身具有在线营销、在线交易、无接触交付的优势特点，可以通过规模经济、信息搜寻、交易成本节约促进企业出口增长。例如，马述忠和房超（2021）、张洪胜和潘钢健（2021）基于2012年跨境电商的产业政策实施研究发现跨境电商存在显著的出口增长效应。跨境电商的使用可以通过改变企业出口市场分布，在不影响出口总量的前提下显著降低企业出口市场组合的风险水平（马述忠和胡增玺，2022）。此外，也有文献从不同视角考察了中国跨境电商出口的影响因素，如目的国进口偏好的差异化（郭继文和马述忠，2022）、贸易伙伴国互联网的发展（马述忠等，2019）等。

上述研究有助于理解跨境电商贸易新业态对中国进一步高质量外贸发展的推动作用，但研究主题多集中于对跨境电商这一贸易业态本身所体现的贸易创造效应的探讨，对跨境电商贸易新业态在其他方面的经济社会效应研究还比较有限。有鉴于此，本章采用中国城市统计年鉴与工商企业注册数据，以跨境电商综合试验区设立所涵盖的试点城市为分组依据，从区域劳动力市场的视角，采用多时点双重差分模型考察跨境电商综合试验区设立对当地劳动力就业的影响。研究发现，跨境电商综合试验区设立显著促进了劳动就业水平，这一结论在动态效应检验以及排除同时期其他经济政策（如"一带一路"倡议、减税激励等）后依然稳健。作用机制分析得到，跨境电商综合试验区设立不仅具有显著的出口增长效应，还可以显著促进企业创业活力以提高劳动力需求。进一步分析发现，当地数字经济与电信业务的发展会显著促进跨境电商综合试验区稳定就业效应的发挥；跨境电商综合试验区的就业效应主要源于当地不同产业部门的就业溢出效应，对周围城市的就业溢出并不明显。

相较于以往研究，本章的边际贡献在于：（1）以城市劳动力就业为主要研究对象，分析跨境电商综合试验区设立的稳就业效应，旨在为贸易新业态如何保障就业提供理论参考。（2）与以往文献关注在位企业就业集约边际的研究视角不同，本文重点分析城市出口增长与企业创业活力所体现的广延边际效应，并对就业溢出效应进行检验，拓展了贸易就业效应的分析渠道。（3）跨境电商作为承载"互联网 + 外贸"的贸易新业态，研究发现当地数字经济与电信业务发展会显著促进跨境电商综合试验区稳定就业效应的发挥，对数字经济政策与贸易政策如何协同稳定就业保障民生具有显著的政策含义。

二、制度背景、理论机制与研究假设

（一）跨境电商综合试验区制度背景

跨境电商是当前中国三大贸易新业态之一，2012 年以后迎来快速发展时期，国务院和有关部委多次出台跨境电商的相关政策，旨在鼓励和规范跨境电商持续健康发展。2015 年 3 月，国务院批准同意杭州设立首个跨境电商综合试验区。同年，国务院办公厅发布了《关于促进跨境电商健康快速发展的指导意见》（以下简称《意见》）。《意见》指出了创建跨境电商综合试验区的重要意义和支持措施，并指出跨境电商综合试验区“有利于增加就业，推进大众创业、万众创新，打造新的经济增长点”，跨境电商综合试验区设立的意义与目标契合了当前中国就业优先战略的方向与要求。随后，复制推广杭州综合试验区的成熟经验做法，2016—2022 年国务院常务会议陆续批准第 2~7 批跨境电商综合试验区试点。至此，中国跨境电子商务综合试验区数量达到 165 个，覆盖 31 个省份。

2015 年以来我国于多个省市设立了多批次的跨境电商综合试验区，旨在为跨境电商业务提供更加宽松的政策环境和创新空间，标志着跨境电商改革的正式落地。跨境电商综合试验区是指设立跨境电子商务综合性质的先行先试的城市区域，整合跨境电商企业，通过一系列优惠政策和财政补贴，打造跨境电子商务完整的产业链和生态链，探索跨境电商发展的新模式、新业态和新技术，促进企业技术创新和业务拓展，提高企业国际化水平和市场竞争力。跨境电商综合试验区是中国设立的跨境电子商务综合性质的先行先试的城市区域，具有“无票免税”“所得税核定征收”“通关便利化”等优惠措施。本章认为，跨境电商综合试验区具有以下两点特征：一是具有显著的出口增长效应。以温州市为例，温州于2019年设立跨境电商综合试验区，2021年前11个月跨境电商海关监管平台显示的进出口额达116.61亿元，较2020年全年增长891%。其中，出口98.82亿元，较2020年全年涨幅高达1286%，成为拉动温州贸易增长的新引擎。二是带动城市企业创业与劳动力就业。以西安市为例，西安自2018年获国务院批准成为全国第三批跨境电商综合试验区以来，引进考拉海购、菜鸟等国内知名跨境电商平台企业，全市跨境电商及相关企业1300余家，从业人员3万余人，同时也将带动宝鸡市、延安市跨境电商综合试验区发挥区位优势，促进西部地区协调发展。

（二）理论机制与研究假设

国际贸易影响劳动力需求与就业的研究由来已久，进口竞争与出口规模扩张是影响区域劳动力市场就业调整的主要研究视角。其中，进口竞争源于产品价格变动的外生冲击，劳动力跨地区迁移受到政策限制并且产业结构存在明显的地域性特征，通过行业间的进口关税差异与地区间的产业就业结构差异影响区域劳动力市场的就业和工资增长（Autor等，2013；Kovak，2013；戴觅等，2019）；而出口规模扩张则主要影响产品的市场需求（Munch和Schaur，2018；Erten和Leight，2021），进而通过市场规模效应促进劳动力就业水平提升（张川川，2015；邵敏和武鹏，2019）。因此，国际贸易会对劳动力福利产生显著影响。

与传统的国际贸易模式不同，作为中国近年来创新贸易业态模式和培育外贸竞争新优势的重大创举，跨境电商综合试验区设立旨在促进中小微企业涉足国际业务，稳定进出口贸易以及促进劳动就业，其在产业集聚方面成效显著，有效促进了外贸转型升级（韦大宇和张建民，2019）。首先，互联网对贸易的促进作用主要体现为降低搜索成本（Goldmanis等，2010；Goldfarb和Tucker，2019），而随着贸易伙伴国互联网的发展，跨境电商可以弱化地理距离带来的负面影响，克服贸易成本阻碍，拓展贸易边界。具体来说，跨境电商贸易新业态可以通过交易模式变革、交易环节简化、交易流程优化等促使贸易成本下降（张洪胜和潘钢健，2021），尤其是国际贸易中的固定成本（如市场规模）与生产中的固定成本得以有效降低（鞠雪楠等，2020）。其次，国际贸易固定成本下降有利于企业的市场准入，促进企业参与全球价值链分工，而生产中的固定成本下降则有助于企业的生产规模扩张，进而增加对劳动力的需求。例如，胡浩然和宋颜群（2022）采用中国上市公司数据，以设立跨境电商综合试验区作为研究案例，考察了跨境电商对上市公司员工平均工资收入的影响，并考察了企业的劳动雇佣在其中发挥的作用机制①。此外，跨境电商贸易新业态引致的出口增长效应在促进城市可贸易部门就业的同时，还会通过产业关联和集聚溢出促进不可贸易部门就业的增值，换言之，地区可贸易部门对不可贸易部门的就业具有正向溢出效应（Helm，2020；张明志和岳帅，2022）。据此，提出如下研究假设。

假设 1：跨境电商综合试验区的设立具有显著的出口增长效应，设立跨境电商综合试验区的城市劳动总就业增加更加明显。

企业是激发市场活力的主体，也是吸纳和稳定就业的关键所在。以往研究指出，企业进入出口市场需要支付额外的固定或沉没成本，固定或沉没成本的产生主要源于出口目的国的市场信息搜寻（Copeland，2008），而贸易成本的下降将伴随着企业广延边际的调整，促进企业进入出口市场（Broocks 和 Biesebroeck，2017；Feng 等，2017），进而提高劳动力需求。与此同时，区域性政策实施促进劳动力就业的过程中，企业进入和创业决策可以有效衡量劳动力就业的广延边际效应，企业进入将会增加对劳动力的需求，进而促进就业。例如，王贝贝等（2022）研究发现，固定资产加速折旧政策引致的资本投资上升并未在地区加总层面

① 地区整体就业可以简单表示为地区企业数量（地区总就业的广延边际，extensive margin）乘以企业平均雇佣量（地区总就业的集约边际，intensive margin）。在位企业因政策冲击产生的差异仅能捕捉深度边际影响，忽略了既有文献强调的区域性政策对企业进入与创业（Ku 等，2020；Tian 和 Xu，2021）的广延边际影响。

导致资本对劳动要素的替代，而是通过促进企业进入提高了当地劳动力需求。Ku 等（2020）同样研究发现，区域性减税政策在促进地区就业的过程中，企业进入和退出可以解释 1/3 以上的政策效果。此外，区域性政策实施本身也具有显著的创业效应，可以通过降低融资约束与行政负担等渠道有效促进企业进入（Alder 等，2016；Tian 和 Xu，2021）。跨境电商综合试验区作为以数字经济赋能国际贸易的区域性政策，将会创造更多的市场机会和提高产品的需求多样性（Fan 等，2018），创新业务形态，市场规模扩大以及产品需求提高将促进企业进入，而贸易便利化以及投资税收优惠等方面的政策实施也将有助于企业市场准入门槛的降低。据此，提出如下研究假设。

假设 2：跨境电商综合试验区的设立，促进了企业创业，新企业进入提高了对劳动力需求，进而促进就业。

三、模型设定、变量选取与数据说明

（一）计量模型设定

现有文献主要基于海关产品进出口交易数据对跨境电商的出口增长效应进行实证分析，本章则采用多时点双重差分法识别中国跨境电商综合试验区的地区就业效应和作用机制。具体而言，基于 2010—2020 年跨境电商综合试验区在不同城市和不同时间成立构成的政策冲击，以综合试验区所在城市作为处理组样本来构建多时点双重差分模型进行计量估计。构建的多时点双重差分模型如下：

$$\ln Emp_{ct}=\alpha+\beta E\_Com_c\times Post_{ct}+\gamma X'_{ct}+\mu_c+\lambda_t+\varepsilon_{ct} \quad (2-1)$$

其中，被解释变量 $\ln Emp_{ct}$ 表示城市 c 在年份 t 的劳动力就业情况，包括劳动力总就业、城镇单位从业人员以及城镇民营和个体从业人员。其中，劳动力总就业是“城镇单位从业人员”与“城镇民营和个体从业人员”之和。E_Com_c 表示跨境电商综合试验区所在城市，如果某一城市设立跨境电商综合试验区，则 E_Com_c 取值为 1，否则为 0。$Post_{ct}$ 表示跨境电商综合试验区设立的时间，将某城市设立跨境电商综合试验区之前的年份赋值为 0，设立之后的年份赋值为 1。对于对照组样本，均取值为 0。β 为核心估计参数，表示设立跨境电商综合试验区的城市与未设立综合试验区的城市在政策试点前后的劳动力就业差异。X'_{ct} 表示城市特征变量向量，以缓解因遗漏变量偏误与政策试点非随机性等内生性问题而可能导致的模型估计偏误。μ_c 表示城市固定效应，排除城市层面不随时间变动的因素对回归结果的干扰；λ_t 是年份固定效应，用以控制所有城市随时间变动的宏观因素；ε_{ct} 是随机扰动项；α 为截距项；γ 为待估计参数向量。模型所有估计结果的标准误在城市层面进行聚类，以缓解可能存在的序列相关问题。

（二）识别条件检验

为了得到估计系数 β 的无偏估计，模型的识别假设是核心解释变量 $E\_Com_c \times Post_{ct}$ 与随机扰动项 ε_{ct} 不相关，就双重差分模型而言，政策处理变量的外生性意味着处理组与对照组样本需满足平行趋势假设，虽然该假设无法直接检验，但本章仍将在以下几个方面尽可能地降低估计偏误：（1）在基准回归及稳健性检验时，将计量模型（1）中的年份固定效应替换成省份 - 年份固定效应，以控制不同省份层面随时间变化的其他政策对回归结果可能造成的干扰，例如“金税三期工程”衡量的税收征管力度在不同省份的推广（张克中等，2020）；（2）采用事件研究法将多时点双重差分基准模型扩展为动态模型，用以事前平行趋势检验；（3）排除同时期其他经济政策的实施对回归结果可能造成的干扰，例如数字经济相关的政策实施（国家级电子商务示范城市、“宽带中国”战略）；（4）稳健性检验时，进一步更换对照组样本，将跨境电商综合试验区所在城市的周边相邻城市作为对照组样本重新进行回归，以缓解跨境电商综合试验区城市选择的随机性问题；（5）进一步提供基于多次随机冲击的安慰剂检验，以排除城市层面不可观察因素的干扰。

此外，在以往探讨区域性政策（place-based policy）影响地区就业或国际贸易的区域收入分配效应的大量文献研究中，区域性政策的空间溢出或劳动力要素流动显得尤为重要（Kline 和 Moretti；2014；Reeding，2016；Helm，2020）。一方面，空间溢出效应可以增强政策实施对就业的影响效应，因为其本身也是政策发挥效果的一部分，忽略溢出效应的存在往往会低估政策实施的效果（Acemoglu 等，2016；Siegloch 等，2021）；另一方面，在采用简约式方法（Reduced-form Analysis）分析区域性政策或国际贸易在地区层面的相对效应时，空间溢出效应的存在往往会对效果评估造成一定的干扰，如果未排除空间溢出效应的存在，那么识别政策的区域相对效果时，对照组则无法作为处理组的较为干净的反事实，进而造成对政策效果的高估。具体到本章的研究，劳动力就业的溢出效应体现在城市之间还是城市内部不同部门之间，将关系到设立跨境电商综合试验区的政策外生性以及其对地区就业评估的准确性。因此，本章将在作用机制与拓展分析部分就劳动力就业溢出效应进行检验。

（三）变量定义

（1）被解释变量。在基准回归结果分析时，被解释变量为劳动力就业情况，包括劳动力总就业、城镇单位从业人员以及城镇民营和个体从业人员。其中，劳动力总就业是“城镇单位从业人员”与“城镇民营和个体从业人员”之和。在作用机制分析时，被解释变量为城市出口值，以及城市层面、城市 - 行业层面企业进入情况，用规模以上工业企业数量、内外资企业数量以及新企业注册数量衡量。

（2）核心解释变量。本章重点关注跨境电商这一外贸新业态，在实证分析中借助跨境电商综合试验区试点政策的实施对贸易新业态的地区就业效应进行因果效应识别。由于跨境电商综合试验区是在城市层面逐步推广的，因此正如计量模型设定部分所言，我们将跨境电商综合试验区的政策变量定义为：某城市开始设立跨境电商综合试验区的当年和以后年份取值为 1，否则为 0。

（3）控制变量。实证分析的控制变量分为两类，一是基准回归中控制的城市特征变量，用以缓解因遗漏变量偏误与政策试点非随机性等内生性问题而可能导致的模型估计偏误，包括城市经济发展水平（人均GDP对数值）、第二产业结构（第二产业增加值占GDP比重）、第三产业结构（第三产业增加值占GDP比重）、城市财政收支情况（地方财政一般预算内支出占地方财政一般预算内收入比重）、劳动力价格（职工平均工资对数值）、基础教育水平（普通中学在校学生数对数值）、消费水平（社会消费品零售总额对数值）、年末金融机构贷款的对数值。二是稳健性检验中控制的其他政策变量，用以排除同时期城市层面的其他经济政策实施对回归结果可能造成的干扰，包括国家级电子商务示范城市的政策试点、“宽带中国”网络信息基础设施建设的政策试点、“一带一路”倡议涵盖的节点城市、减税激励政策（固定资产加速折旧引致的投资税收优惠）、城市户籍制度放松等。

（四）数据来源与说明

首先，本章主要研究对象是城市层面的劳动力就业情况，研究视角为区域劳动力市场，劳动力就业的数据来自国家统计局2010—2020年《中国城市统计年鉴》，年鉴详细记录了中国290多个城市（地级市）层面的生产总值、地方一般公共预算收支状况、劳动力就业状况（包括城镇单位从业人员期末人数、城镇私营和个体从业人员以及城镇登记失业人员数）、按行业分组的年末城镇单位就业人员（包括制造业、批发和零售业等19个行业部门）等信息[①]。将样本限定为2010—2020年全市区的

① 在《中国城市统计年鉴》中，针对劳动力就业的衡量有“城镇单位从业人员”“城镇私营和个体从业人员”两项重要指标，并依照市辖区和全市分别统计。为了厘清这两项就业指标背后的统计口径问题，本章查找了国家统计局－统计知识－常见问题解答栏目中对“十、人口和就业”指标的官方释义（参见：http：//www.stats.gov.cn/tjzs/cjwtjd）。其中，从第12道问题（12问：就业数据是如何统计的？）的答复得知，中国统计部门对常规就业的统计分为“劳动工资统计报表制度”以及更为细致的“劳动力调查制度”。可以获得的是“劳动工资统计报表制度”关于对城镇单位就业人员的统计指标，再结合历年《中国城市统计年鉴》的指标诠释，得知城市统计年鉴中“城镇单位就业人员”和“城镇私营和个体从业人员”两项指标的统计来自于此，并且统计口径“以企业、事业、机关、民间非营利组织等单位为调查对象”。因此，采用《中国城市统计年鉴》的这两项就业指标可以较好地反映中国各城市（地级市）历年的劳动力就业状况。

劳动力就业情况。在剔除变量缺失样本后，基准回归样本是包含 285 个地级市 11 年的非平衡面板数据。

其次，本章的核心解释变量是跨境电商综合试验区设立所衡量的贸易新业态，跨境电商综合试验区涵盖城市和对应实施年份来自国务院官方网站公开披露数据。与此同时，在稳健性检验时控制了其他经济政策，其中国家电子商务示范城市名单和对应实施年份来自国家发展改革委官方网站公开披露数据，“宽带中国”战略实施的示范城市名单和对应实施年份来自工业和信息化部官方网站公开披露数据。

最后，本章在进行作用机制分析时，城市出口增长和企业创业活力作为机制变量，其中，城市出口增长数据来自中国海关数据库，根据海关出口企业标识码前四位识别出企业注册地行政区域，然后将企业注册地行政区域依次对应至城市统计年鉴中的 2010 年城市代码，将企业－产品－目的地的出口值加总至城市层面，得到各城市的出口值，最后辅以中国城市统计年鉴的出口值进行补充。企业创业活力由城市与城市－行业层面的新企业注册数量衡量，数据来自全国工商企业注册数据，该数据库记录了 1980 年以来，所有在工商局登记注册的企业信息，包含 3580 余万家企业以及全部的个体工商户注册信息，例如企业注册成立时的工商注册登记号、企业名称、注册资本、成立日期、行业类别、登记机关等，以及企业搬迁、变更登记信息、吊销和注销等企业退出信息，可以较好地测度城市与城市－行业层面的新企业注册数量。

主要变量的描述性统计如表 2–1 所示。

表 2–1　主要变量的描述性统计

变量	观测值	平均值	标准差	最小值	最大值
城市劳动力总就业	2,766	120.6959	170.5052	7.4176	1729.071
城镇单位从业人员期末人数	2,849	57.7675	87.0668	5.01	986.87
城镇私营和个体从业人员	2,766	62.6671	90.8843	1.0202	951.7309
跨境电商综合试验区	2,850	0.0418	0.2001	0	1
城市人均 GDP	2,848	10.6462	0.5975	8.5762	13.0557

续表

变量	观测值	平均值	标准差	最小值	最大值
第二产业增加值占 GDP 比重	2,849	0.4717	0.1080	0.1068	0.8975
第三产业增加值占 GDP 比重	2,849	0.4057	0.0999	0.0976	0.8352
城市财政收支情况	2,849	0.9026	0.5415	–0.4326	3.0158
城市劳动力价格水平	2,848	10.8154	0.3483	8.5088	12.0622
城市基础教育水平	2,849	2.8724	0.7265	–0.1625	5.2513
社会消费品零售总额	2,845	6.2799	1.0760	–3.7381	9.6708
年末金融机构贷款	2,847	7.1346	1.1705	4.1081	11.2094
电子商务示范城市	2,850	0.1505	0.3576	0	1
“宽带中国”战略试点	2,850	0.1919	0.3939	0	1
“一带一路”倡议	2,850	0.0544	0.2268	0	1
减税激励 2014	2,850	0.0336	0.0402	0	0.2765
减税激励 2015	2,850	0.1032	0.1321	0	0.6667
户籍制度改革	2,850	0.2211	0.4150	0	1

四、实证结果与分析

（一）基准回归结果

首先，根据回归模型（2–1）式考察跨境电商综合试验区设立对城市劳动就业的影响效应，表 2–2 第（1）列至第（3）列报告了回归结果，其中第（1）列是仅控制城市固定效应和年份固定效应的回归结果，估计系数为 0.0755，且在 5% 的统计水平上显著，初步说明跨境电商综合试验区显著提升了当地劳动就业水平。第（2）列是在第（1）列基础上进一步控制城市特征变量向量的回归结果，且系数大小略有提高。考虑到各省份可能会单独出台促进跨境电商的政策，从而导致估计结果中包含了这些政策的效果进而被高估，为了解决这一问题，第（3）列是在第（2）列基础上进一步控制省份 – 年份固定效应的回归结果，从而控制了所有可能存在的省级政策因素。结果显示，跨境电商综合试验区对当地劳动就业的显著促进效应依然显著为正。在前文计量模型设定与变量定义部分，城市劳动力总就业是“城镇单位从业人员期末人数”与“城镇私营和个体从业人员”两者之和，第（4）列报告了跨境电商综合试验区设立对城市劳动总就业人数的回归结果，结果显示，在涵盖“城镇私营和个体从业人员”之后，跨境电商综合试验区设立对城市劳动总就业人数存在显著的促进效应，结果稳健。

其次，以表 2-2 第（4）列城市劳动力总就业为例分析上述回归结果背后的经济学含义。估计系数为 0.0605，意味着相较于未设立跨境电商综合试验区的城市而言，设立跨境电商综合试验区将促进当地城镇劳动力总就业平均每年提高 6.05%。从全国范围的就业统计来看，截至 2015 年年末，全国城市劳动力就业人数为 32026.48 万人，城镇劳动力总就业增加 6.05% 意味着跨境电商综合试验区促进劳动力就业增加约 1948 万人。

表 2-2 基准回归结果

	（1） 单位劳动 就业人数	（2） 单位劳动 就业人数	（3） 单位劳动 就业人数	（4） 劳动总 就业人数
$E\_Com \times Post_{ct}$	0.0755** （0.0355）	0.0790** （0.0327）	0.0802*** （0.0228）	0.0605* （0.0310）
城市人均 GDP		0.2455*** （0.0404）	0.1308** （0.0521）	0.0814 （0.0538）
第二产业增加值占 GDP 比重		1.0194** （0.4058）	0.7760* （0.4432）	0.7308 （0.5208）
第三产业增加值占 GDP 比重		1.0206* （0.5561）	0.5576 （0.5881）	0.2179 （0.6955）
城市财政收支情况		−0.0689* （0.0363）	−0.0640** （0.0316）	−0.0070 （0.0466）
城市劳动力价格水平		−0.2114* （0.1228）	−0.2120 （0.1427）	−0.1560 （0.0983）
城市基础教育水平		0.0245 （0.0543）	0.1009 （0.0631）	0.1329** （0.0643）
社会消费品零售总额		0.0046 （0.0099）	0.0032 （0.0092）	−0.0004 （0.0131）
年末金融机构贷款		0.0555* （0.0306）	0.0449 （0.0280）	−0.0053 （0.0411）
城市固定效应	控制	控制	控制	控制

续表

	（1） 单位劳动 就业人数	（2） 单位劳动 就业人数	（3） 单位劳动 就业人数	（4） 劳动总 就业人数
年份固定效应	控制	控制	控制	控制
省份 – 年份固定效应	未控制	未控制	控制	控制
观测值	3,125	3,114	3,050	2,713

注：*、** 和 *** 分别表示在 10%、5% 和 1% 的置信水平上显著，括号内为城市层面的聚类标准误。下同。

（二）动态效应检验

为了检验跨境电商综合试验区对城市劳动力就业的动态效应，本章进一步采用事件研究法将计量模型拓展为动态模型，考察城镇劳动力总就业和城镇单位从业人数在跨境电商综合试验区政策实施前后的不同变化趋势。具体而言，将回归方程（2–1）式中的 $Post_{ct}$ 替换为 2010—2020 年的年份虚拟变量 $Year_t$，将其与政策分组变量 E_Com_c 进行交乘，并且以 2014 年劳动力就业作为基期重新进行检验。动态模型设定如下：

$$\ln Emp_{ct} = \alpha + \sum_{k=2010,k\neq 2014}^{2020} \beta_k E\_Com_c \times 1(Year_t = k) + \gamma X'_{ct} + \mu_c + \lambda_t + \varepsilon_{ct}$$

（2–2）

其中，$E\_Com_c \times 1$（$Year_t=k$）表示跨境电商综合试验区政策处理变量与年份虚拟变量的交乘，动态回归得到的系数 β_k 与置信区间如图 2–1 所示，图 2–1 左中被解释变量是城市总体就业人数，图 2–1 右中被解释变量是城市单位就业人数。可以看出，边际效应线在跨境电商综合试验区设立之前较为平缓且集中在 0 轴附近，跨境电商综合试验区设立之后，边际效应线逐年远离 0 轴，估计系数显著增大。这表明设立跨境电商综合试验区的城市和未设立城市在事前的就业趋势上并无显著区别，满足 DID 模型的事前平行趋势，设立跨境电商综合试验区的城市在事后有显著的就业促进效应，且呈现出逐年增大的趋势。

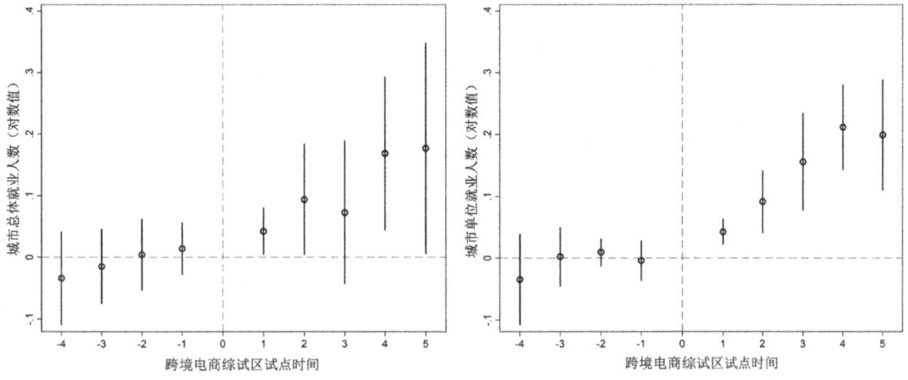

图 2–1 城市劳动力就业的动态效应检验

（三）基于同时期其他经济政策的讨论

尽管基准回归结果控制城市固定效应和省份 – 年份固定效应在一定程度上缓解了部分宏观经济政策因素的干扰，但劳动力就业的变化依然会不可避免地受到除跨境电商综合试验区政策之外的其他经济政策冲击的影响，尤其是同时期实施的就业促进相关的政策不容忽视，本章将重点排除同时期其他的六个政策冲击对劳动力就业的影响[①]。

1. 国家电子商务示范城市

本章的核心解释变量是以跨境电商为代表的外贸新业态，然而国内其他零售或产业电商也有较强的发展趋势，例如 2014 年开展的“电子商务进农村综合示范县”计划在农民增收、市场潜能以及经济增长方面有显著的促进效应（唐跃桓等，2020；王奇等，2021）；2011 年开展的“国家电子商务示范城市”试点政策也对城市绿色高质量发展发挥了积极作用（刘乃全等，2021）。为了排除电子商务对回归结果可能造成的干扰，并考虑到基于地级市的研究维度，在回归中对“国家电子商务示范城市”试点政策加以控制，回归结果如表 2–3 第（1）列所示，控制电子商务发展的试点政策后，跨境电商综合试验区政策对城市劳动力就业的

① 基准回归结果与动态效应检验部分的样本窗口期是 2010—2020 年，为了排除 2020 年新冠疫情对本章结果的干扰，后面的实证分析与作用机制分析均采用 2010—2019 年样本。

影响依然显著为正，结果稳健。

表 2-3 排除同时期其他经济政策干扰

	（1）	（2）	（3）	（4）	（5）	（6）	（7）
$E\_Com_c \times Post$	0.0668***	0.0635***	0.0695***	0.0636***	0.0740***	0.0678***	0.0525***
	（0.0214）	（0.0220）	（0.0218）	（0.0230）	（0.0234）	（0.0197）	（0.0178）
电子商务示范城市	0.0586*						0.0294
	（0.0309）						（0.0340）
“宽带中国”战略		0.0568***					0.0396**
		（0.0203）					（0.0192）
“一带一路”倡议			0.0307				–0.0139
			（0.0492）				（0.0503）
减税激励 2014				1.0793*			1.1279*
				（0.6482）			（0.6331）
减税激励 2015				0.4678**			0.3527**
				（0.1905）			（0.1709）
户籍制度改革					–0.0196		0.0036
					（0.0323）		（0.0353）
数字金融发展						0.0139	0.0606
						（0.0572）	（0.0644）
控制变量	控制	控制	控制	控制	控制	控制	控制
城市固定效应	控制	控制	控制	控制	控制	控制	控制
省份 – 年份固定效应	控制	控制	控制	控制	控制	控制	控制
观测值	2,782	2,782	2,782	2,782	2,782	2,705	2,705

2.“宽带中国”战略

除了电子商务发展以外，以网络信息基础设施建设驱动的数字经济发展不容小觑。国务院于 2013 年实施“宽带中国”战略，旨在建设新一代国家信息基础设施，支撑经济发展和服务社会民生。2014—2016 年先后有 120 余个试点城市进入“宽带中国”战略规划，不仅促进了城市间合作创新、企业技术知识扩散（薛成等，2020；种照辉等，2022），在农村劳动力非农就业与社会分工方面也有显著影响（田鸽和张勋，2022）。

为了排除其对回归结果可能造成的干扰，在回归中对“宽带中国”战略试点政策的实施加以控制，回归结果如表 2–3 第（2）列所示，控制“宽带中国”战略的试点政策后，跨境电商综合试验区政策对城市劳动力就业的影响依然显著为正，结果稳健。

近年来，数字经济成为当前中国构建新发展格局的重要推动力量，其内涵比较宽泛，涵盖的新型技术众多。本章从电子商务和网络信息基础设施建设两个方面衡量数字经济，回归结果如表 2–3 第（1）列、第（2）列结果所示，由国家电子商务示范城市和“宽带中国”战略引致的数字经济发展存在显著的就业促进效应。

3.“一带一路”倡议

2013 年“一带一路”倡议提出并实施，对中国与“一带一路”沿线国家和地区的经贸往来以及中国各地区经济发展产生了深远影响（吕越等，2019；蔡宏波等，2021），“一带一路”倡议促进中西部开放和收入改善，进而缩小了地区收入差距（李小帆和蒋灵多，2020）。跨境电商贸易新业态对就业的影响可能包含了“一带一路”倡议引致的贸易投资效应的效果，为了控制“一带一路”倡议对不同地区劳动力就业的影响，在回归中进一步控制“一带一路”倡议涵盖的重要节点城市，回归结果如表 2–3 第（3）列所示，控制“一带一路”倡议涵盖的节点城市后，跨境电商综合试验区政策对城市劳动力就业的影响依然显著为正，结果稳健。

4. 固定资产加速折旧引致的减税激励

为全面落实“六稳”“六保”工作，规模性与组合式减税降费政策成为宏观经济调控的重要举措。其中，2014 年首次试点实施并于 2015 年试点扩围的固定资产加速折旧政策在稳定市场主体、激发企业活力方面发挥了重要作用，固定资产加速折旧引致的减税激励不仅促进了企业投资（刘行等，2018），在劳动力就业稳定与技能提升方面也成效显著（刘啟仁和赵灿，2019；王贝贝等，2022）。如果减税激励较高的城市恰好是跨境电商综合试验区涵盖的城市，那么回归结果可能会高估跨境电商的地区就业效应。为此，参照王贝贝等（2022）的研究思路，采用份额移动法构建城市层面的减税指标，在回归中控制2014年固定资产加速折旧6个试点行业以及2015年扩围行业引致的减税激励，回归结果如表2-3第（4）列所示，控制固定资产加速折旧的试点政策后，跨境电商综合试验区政策对城市劳动力就业的影响依然显著为正，结果稳健。

5. 户籍制度改革

为促进城镇化建设和改善流动人口福利，保障城乡居民在发展机会面前地位平等，深化户籍制度改革成为必不可少的环节。2013年国家出台新一轮户籍制度改革实施方案，基于城市人口规模实施差别化落户政策，引导人口在城市间的合理分布。现有研究发现，流动人口对城市经济发展、企业要素使用以及当地劳动力工资均会产生显著影响（赵西亮，2018；Imbert等，2022）。为了排除其对回归结果可能造成的干扰，在回归中对2013年户籍制度改革加以控制，具体而言，参照An等（2022）、宋弘等（2021）的研究思路，300万以上的城市是落户门槛上升的城市，进入处理组，300万以下的城市是落户门槛下降的城市，进入对照组，然后政策虚拟变量与2014年及以后交乘，得到户籍制度改革的交互项变量，在回归时进行控制。回归结果如表2-3第（5）列所示，控制2013年户籍制度改革后，跨境电商综合试验区政策对城市劳动力就业的影响依然显著为正，结果稳健。

6. 数字金融发展

表2-3第（6）列进一步排除了数字金融发展对结果可能造成的干扰，结果依然稳健。表2-3第（7）列报告了上述6项政策同时控制的回归结果，其中“宽带中国”网络信息基础设施建设与固定资产加速折旧减税激励两项政策对城市劳动力就业的效应较为明显，在排除同时期其他经济政策后，跨境电商综合试验区政策对城市劳动力就业的影响依然显著为正，结果稳健。

（四）其他稳健性和安慰剂检验

其他未设立跨境电商综合试验区的城市作为对照组通过了事前平行趋势检验，本章进一步更换对照组样本，将跨境电商综合试验区所在城市的周边相邻城市作为对照组样本重新进行回归，以缓解跨境电商综合试验区城市选择的随机性问题，回归结果如表 2-4 第（1）列所示，周边相邻城市作为对照组时，结果稳健。跨境电商综合试验区所在城市随时间而存在共同趋势变化，进一步控制处理组城市样本的时间变化趋势，在回归中加入 $E\_Com_c \times t$ 项，回归结果如表 2-4 第（2）列所示，结果稳健。跨境电商综合试验区的试点政策始于 2015 年浙江省杭州市，但在之前一段时期尤其是 2012 年及以后，跨境电商在一系列政策文件出台的背景下得到了快速发展，那么，不可避免的一个问题是跨境电商综合试验区的设立是否会被提前预期，进而劳动力市场做出提前调整？为了排除预期效应，在回归中控制处理组城市与政策实施前一年虚拟变量的交乘项 $E\_Com_c \times Year_0$，回归结果如表 2-4 第（3）列所示，结果显示不存在预期效应，结果稳健。为了缓解可能存在的序列相关问题，基准回归将标准误聚类到城市层面，表 2-4 第（4）列报告了采用省份聚类标准误的回归结果，结果稳健。跨境电商作为贸易新业态新模式，发展水平在不同城市存在巨大的差异性，回归样本剔除直辖市和杭州市重新进行回归①，结果如表 2-4 第（5）列所示，结果稳健。控制组中的诸多城市在 2020 年与 2022 年设立了跨境电商综合试验区，本章将这些城市样本剔除，重新回归得到的结果如表 2-4 第（6）列所示，结果稳健。

① 剔除杭州市进行稳健性检验是因为：一方面，杭州市电商发展水平显著高于同时期其他城市，比如杭州市早在 2011 年就成为“云计算创新服务试点城市”；另一方面，杭州市在 2015 年成为第一批也是唯一一个先行设立跨境电商综合试验区的城市。基于以上两点考虑，杭州市可能存在较强的预期效应使得跨境电商综合试验区设立的政策不再外生，故排除，结果稳健。

表 2-4　其他稳健性检验

	(1)	(2)	(3)	(4)	(5)	(6)
	邻近城市为控制组	排除处理组时间趋势	排除预期效应	省份层面聚类	剔除直辖市及杭州市	剔除第5–6批综合试验区城市
$E\_Com_c \times Post$	0.0583*** (0.0182)	0.0433* (0.0260)	0.0526** (0.0239)	0.0513** (0.0231)	0.0535*** (0.0201)	0.0542*** (0.0209)
$E\_Com_c \times Year_0$			0.0050 (0.0184)			
其他政策及控制变量	控制	控制	控制	控制	控制	控制
城市固定效应	控制	控制	控制	控制	控制	控制
省份 – 年份固定效应	控制	控制	控制	控制	控制	控制
观测值	1,913	2,782	2,782	2,782	2,772	2,073

随机生成处理组的安慰剂检验。在因果识别过程中，控制了诸多城市特征变量以及其他经济政策，但仍然可能存在不可观测的因素使得政策实施前处理组与控制组之间除跨境电商综合试验区以外的其他城市差异对政策评估产生潜在影响，进而导致估计偏误。基于此，进一步采取如下安慰剂检验方法：首先生成政策对某一城市的随机冲击并重复 500 次，同时估计出随机冲击的均值，并在图 2-2 呈现所估计出的 500 次随机冲击的分布。可以发现 500 次的随机冲击都集中分布在零值附近，并显示原来在真实政策冲击下的基准回归系数，从而可以得出未观测的城市层面的因素几乎不会对回归结果产生影响，进而验证了基准回归结果的稳健性。

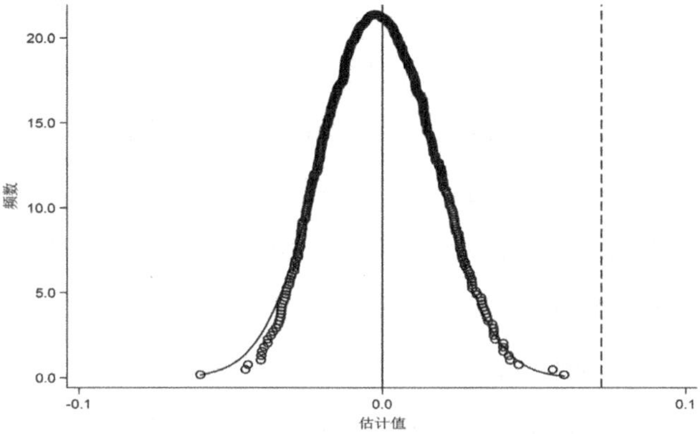

图 2-2　随机生产处理组的安慰剂检验

五、作用机制检验与拓展分析

（一）作用机制检验

上述实证结果得到跨境电商外贸新业态对劳动就业水平有显著的正向促进效应，那么，跨境电商综合试验区的稳就业效应背后的作用机制是怎样的呢？根据理论机制分析与研究假说，将从城市出口增长与企业创业活力两个方面进行作用机制检验。

1. 城市出口增长

出口增长能够显著促进就业，首先考察跨境电商综合试验区设立对城市出口增长的影响。中国城市统计年鉴收录了 2017 年及以后年份城市层面的货物进出口额，对于 2016 年及以前年份的城市出口数据，借助于中国海关产品进出口交易数据库进行补充。先根据海关出口企业标识码前四位识别出企业注册地行政区域，接着将企业注册地行政区域依次对应至城市统计年鉴中的 2010 年城市代码，然后将企业 - 产品 - 目的地的出口值加总至城市层面，最后得到 2010—2016 年各城市的出口值。

将回归方程（2-1）式的被解释变量替换为城市货物总出口值，回归得到的动态结果如图 2-3 左所示，结果显示，跨境电商综合试验区设立之前年份的估计系数主要在零值附近波动且不显著，而在跨境电商综合试验区设立之后，城市出口值出现了相对增加的趋势，估计系数显著为正，表明设立跨境电商综合试验区的城市和未设立的城市在事前的出口趋势上并没有显著不同，而在事后出现了差异化的出口趋势，表明跨境电商综合试验区设立确实显著提高了城市的出口水平。进一步构建城市出口相对于 2013 年的变化值这一指标，衡量城市出口相对于事前的累计值，回归得到的动态结果如图 2-3 右所示，结果显示，事前年份估计系数主要在零值附近波动，而在事后，估计系数显著为正，表明跨境电商综合试验区设立也显著促进了城市出口累计值。

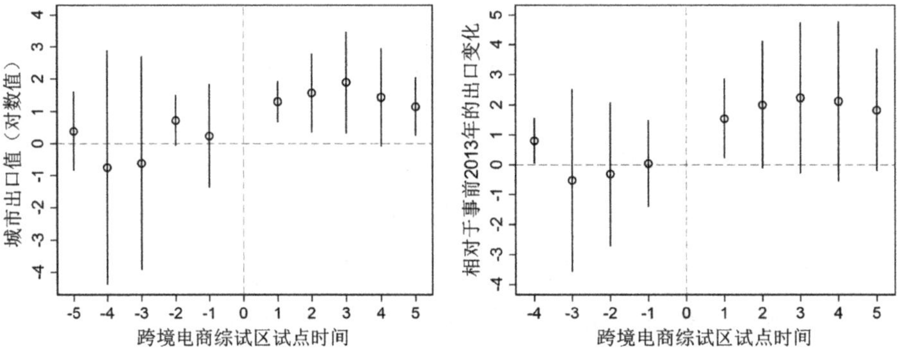

图 2-3　跨境电商的出口增长动态效应

图 2-3 反映了跨境电商综合试验区对城市出口增长的显著促进作用，而跨境电商引致的城市出口增长效应能否对当地的劳动力就业产生带动效应还有待于进一步检验。接下来，本章则基于城市出口规模进行分组，以此间接检验城市出口增长效应在跨境电商综合试验区促进地区劳动就业中的机制作用。根据 2014 年（第一批“试验区”之前）城市出口中位值高低划分为高出口城市组与低出口城市组，分别考察跨境电商综合试验区对劳动力就业的影响，回归结果如表 2-5 所示，结果显示跨境电商综合试验区的地区就业效应在高出口的城市组别更加显著，而在低出口城市组别，跨境电商综合试验区对就业的影响不显著。

表 2–5　基于出口增长的分组回归结果

	（1） 高出口城市	（2） 低出口城市
$E\_Com_c \times Post$	0.0554** （0.0242）	0.0113 （0.0382）
其他政策与控制变量	控制	控制
城市固定效应	控制	控制
省份 – 年份固定效应	控制	控制
观测值	1,312	1,358

2. 企业创业活力

跨境电商综合试验区设立促进当地劳动力就业的显著增加，另一个因素则源于当地企业进入和创业活动对劳动力的需求增加。有鉴于此，考察跨境电商综合试验区通过促进企业进入和创业活动进而提高劳动力就业需求的作用机制。

首先，考察跨境电商综合试验区对当地规模以上企业创业活力的影响。中国城市统计年鉴记录了城市层面的规模以上工业企业数、内资企业数以及外商投资企业数的情况。跨境电商综合试验区是否促进了当地规模以上工业企业的数量增加的回归结果如表 2–6 第（1）列所示，估计系数显著为正，结果表明跨境电商综合试验区设立显著促进了当地规模以上工业企业数量的增加。内资企业数与外资企业数的回归结果如表 2–6 第（2）列、第（3）列所示，结果显示跨境电商综合试验区促进当地规模以上工业企业数量主要得益于当地内资企业数量的增加，而对当地外资企业数量的影响并不显著。

用规模以上工业企业数衡量企业进入存在企业规模方面的样本选择偏误，并且因仅限于工业部门的企业样本而难以有效测度城市全部门的企业创业活动，为此，进一步借助于城市层面全行业工商企业的注册数据衡量企业创业活动，该数据来源于国家企业信用信息公示系统，由爱企查企业统计数据提供。在样本窗口期，城市层面的平均新企业注册数量由 2010 年的 25322 家上升至 2019 年的 82930 家，增幅高达 2.28 倍。

基于此，考察跨境电商综合试验区对当地新企业注册数量的影响效应，回归结果如表 2-6 第（4）列所示，估计系数显著为正，结果表明跨境电商综合试验区设立显著促进了城市新企业注册数量的增加。

表 2-6　城市层面的企业创业活力

	（1） 规模以上企业数	（2） 内资企业数	（3） 外资企业数	（4） 新企业注册数
$E\_Com_c \times Post$	0.0275** （0.0127）	0.0230* （0.0121）	0.0045 （0.0028）	0.0849** （0.0362）
其他政策及控制变量	控制	控制	控制	控制
城市固定效应	控制	控制	控制	控制
省份－年份固定效应	控制	控制	控制	控制
观测值	2,777	2,777	2,777	2,773

其次，基于上述回归结果，进一步采用事件研究法得到的动态效应如图 2-4 所示，结果显示，跨境电商综合试验区设立之前年份的估计系数主要在零值附近波动且不显著，而在跨境电商综合试验区设立之后，城市规模以上企业数量和新企业注册数出现了相对增加的趋势，估计系数显著为正，表明跨境电商综合试验区设立确实显著提高了城市的企业创业活力。

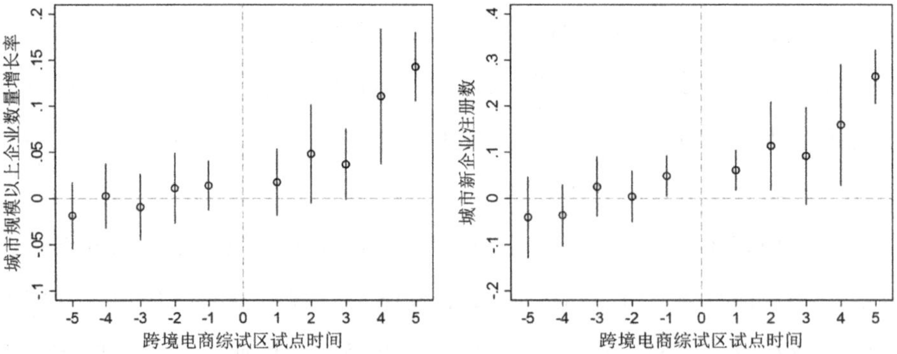

图 2－4　城市企业创业的动态效应检验

最后，借助于城市－行业层面工商企业的注册数据衡量城市内部不同行业的企业创业活力，具体而言，重点考察制造业与服务业部门的企业创业活动，并根据跨境电商企业的行业分布特征，重点考察“批发和零售业”“交通运输、仓储和邮政业”“信息传输、计算机服务和软件业”三个服务业部门。回归结果如表 2-7 所示，结果显示，跨境电商综合试验区设立显著促进了当地制造业部门和服务业部门的企业注册数量，并且与跨境电商密切相关的三个重点部门的企业注册数量也显著增加。

表 2-7　城市不同产业部门的企业创业活力

	（1）	（2）	（3）	（4）	（5）
	制造业企业	服务业企业	批发和零售业	交通运输、仓储和邮政业	信息传输、计算机服务和软件业
$E\_Com_c \times Post$	0.1367** （0.0655）	0.0741* （0.0385）	0.0868** （0.0423）	0.2192** （0.1025）	0.0699* （0.0702）
其他政策及控制变量	控制	控制	控制	控制	控制
城市固定效应	控制	控制	控制	控制	控制
省份 - 年份固定效应	控制	控制	控制	控制	控制
观测值	3,115	3,115	3,115	3,115	3,115

（二）拓展分析

1. 基于数字经济与电信业务的异质性分析

跨境电商作为承载“互联网 + 外贸”的贸易新业态，同时具有“互联网”虚拟经济与“外贸”货物实体交易的双重特性。一方面，互联网通过降低国际贸易固定成本和可变成本促进国际贸易增长（施炳展，2016），同时可以通过降低企业的搜寻成本进而促进中国制造业企业分工水平的提升（施炳展和李建桐，2020）。另一方面，互联网基础设施建设将促进企业数字化转型和数字经济发展，信息技术新业态的发展进一步促进社会分工，快速的互联网增加了劳动就业，并且出口规模扩张成为解释劳动力需求向上转移的重要机制（Hjort 和 Poulsen，2018）。中国于 2013 年实施的“宽带中国”战略赋能数字经济与网络信息基础设施建设，通过推动农村低技能劳动力向低技能偏向的数字化非农行业流动，进而促进了非农就业与社会分工（田鸽和张勋，2022）。此外，跨境电商贸易新业态的线上交易模式离不开电信业务的发展，以移动电话和固定电话基础设施为代表的电信业务对经济增长具有显著的促进效应（顾强和郑世林，2012；郑世林等，2014）。结合同时期中国的发展实践和跨境电商的本身特性，本章主要关注城市数字经济（包括电子商务发展、网络信息基础设施建设）和电信业发展（包括电信业务收入、移动电话用户数）可能导致的跨境电商综合试验区对劳动就业的异质性影响。

（1）数字经济。当前中国数字经济发展迅猛，成为实现资源快速优化配置与再生、经济高质量发展的经济形态。大量研究论证了数字经济会改善农村居民的创业行为，进而促进中国的包容性增长（张勋等，2019；赵涛等，2020），但数字经济同样会通过要素重组升级、再配置引致的效率变革与产业智能化削弱中低技能劳动者的相对收入权（柏培文和张云，2021），并依据劳动力技能实现有效的社会分工（田鸽和张勋，2022）。具体到本章的研究，跨境电商外贸新业态显著促进了各城市劳动力的就业，而当地数字经济发展将进一步通过资源有效配置和劳动力需求进一步扩大跨境电商的地区就业效应。因此，预期数字经济水平越高的城市，跨境电商综合试验区的就业促进效应越强。

对于城市数字经济发展水平的测度，依然从电子商务发展和信息基础设施建设两个方面切入分析，将城市样本划分为电子商务示范城市与非示范城市；实施“宽带中国”战略的试点城市与非试点城市。异质性分析的结果如表 2-8 第（1）列、第（2）列所示，分别将核心解释变量 $E\_Com \times Post$ 与电子商务示范城市 *Ecomerce*、“宽带中国”战略试点城市 *Information* 进行三重交乘，用来捕捉跨境电商综合试验区稳就业效应在城市数字经济发展水平上的异质性。回归结果可以看出，城市数字经济发展对跨境电商综合试验区的稳就业效应具有正向的促进作用，即数字经济发展水平越高的城市，跨境电商综合试验区设立对当地劳动力的稳就业效应越显著。综上，我们认为数字经济是促进跨境电商外贸新业态发挥地区就业效应的重要因素。

表 2-8 基于数字经济与电信业务的异质性分析

	(1)	(2)	(3)	(4)
	数字经济		电信业务	
E_Com×Post×Ecomerce	0.0903** (0.0380)			
E_Com×Post×Information		0.0732* (0.0409)		
E_Com×Post×Telecom			0.1150** (0.0572)	
E_Com×Post×Mphone				0.1009* (0.0517)
E_Com×Post	−0.0176 (0.0254)	0.0008 (0.0320)	−0.0588 (0.0542)	−0.0439 (0.0470)
其他政策及控制变量	控制	控制	控制	控制
城市固定效应	控制	控制	控制	控制
省份 – 年份固定效应	控制	控制	控制	控制
观测值	2,782	2,782	2,782	2,782

（2）电信业务发展。接下来，继续分析跨境电商综合试验区稳就业效应在城市电信业发展维度上的异质性。现有文献研究发现，历经市场结构和政府规制等方面改革，中国的电信业得到了快速发展，以移动电话和固定电话基础设施为代表的电信业务对经济增长具有显著的促进效应（顾强和郑世林，2012；郑世林等，2014）。具体到本章的研究，跨境电商作为一种依托于电子商务平台完成在线交易，将传统贸易加以网络化和电子化的外贸新业态，当地电信业务发展将进一步扩大跨境电商的地区就业效应。

对于城市电信业务发展水平的测度，主要从城市电信业务收入和移动电话用户数两个方面切入分析。异质性分析的结果如表 2-8 第（3）列、第（4）列所示，分别将核心解释变量 *E_Com×Post* 与电信业务收入（对数值）*Telecom*、移动电话用户数（对数值）*Mphone* 进行三重交乘，用来捕捉跨境电商综合试验区稳就业效应在城市电信业务发展水平上的异质性。回归结果显示，城市电信业务发展对跨境电商综合试验区的稳就业效应也存在显著的正向促进作用，即电信业务发展水平越高的城市，跨境电商综合试验区设立对当地劳动力的稳就业效应越显著。综上，我们认为，电信业务发展也是促进跨境电商外贸新业态发挥地区就业效应的重要因素。

2. 就业溢出效应分析

区域劳动力市场就业的相关研究均会面临地区（城市）劳动力市场独立性的假设检验，即对某城市的劳动力就业评估需同时考虑其是否存在城市间的溢出效应以及城市内部不同部门之间的溢出效应，为此，检验跨境电商综合试验区设立对劳动就业的溢出效应。

首先，本文假定跨境电商综合试验区所在城市的周边相邻城市也设立了跨境电商综合试验区，将其代入基准回归方程（1），考察其是否干扰了基准回归结果，表 2–9 第（1）列结果显示，控制周边相邻城市对本城市就业无影响，且在控制周边相邻城市的政策假定之后，跨境电商综合试验区对当地劳动力就业依然存在显著的促进效应。其次，在假定跨境电商综合试验区所在城市的周边相邻城市也设立了跨境电商综合试验区基础上，将跨境电商综合试验区所在的城市样本剔除，考察周边相邻城市假定设立跨境电商综合试验区对就业的影响，如果城市之间存在溢出效应，那么周边相邻城市假定设立跨境电商综合试验区也将存在显著的就业促进效应，表 2–9 第（2）列结果显示估计系数不显著，表明跨境电商综合试验区政策并无空间溢出效应，同时也从侧面间接证明了邻近城市作为对照组的科学性［表 2–4 第（1）列结果稳健］。

接下来，基于劳动力的跨地区流动考察跨境电商综合试验区设立对劳动力就业的影响是否存在空间溢出效应。中国城市统计年鉴仅记录了当地户籍人口规模，为了更好地反映区域劳动力市场的就业总供给情况，借助 CEIC 数据库中的城市常住人口数指标进行分析，回归结果如表 2–9 第（3）列所示，结果显示，跨境电商综合试验区对当地城镇常住人口规模并无显著影响。然后，以城镇常住人口数与城镇户籍人口数之差测度城市流动人口规模，考察跨境电商综合试验区是否影响城市人口流动，回归结果如表 2–9 第（4）列所示，结果显示，跨境电商综合试验区对当地城镇人口流动也无显著影响。

表 2–9　临近城市是否存在溢出效应检验

	（1） 邻近城市	（2） 假定邻近城市试点	（3） 城市常住人口数	（4） 城市流动人口数
$E\_Com \times Post$	0.0425* （0.0222）		–0.0074 （0.0078）	–0.1100 （0.0864）
$E\_Com_{near} \times Post$	–0.0190 （0.0231）	–0.0152 （0.0249）		
其他政策及控制变量	控制	控制	控制	控制
城市固定效应	控制	控制	控制	控制
省份 – 年份固定效应	控制	控制	控制	控制
观测值	2,782	2,244	1,847	1,012

此外，基于表 2–9 第（2）列回归结果，进一步采用事件研究法得到的动态效应如图 2–5 所示，可以看出，估计系数在事前和事后均在零值附近波动，表明跨境电商综合试验区对当地劳动力就业的影响并不存在空间溢出效应。

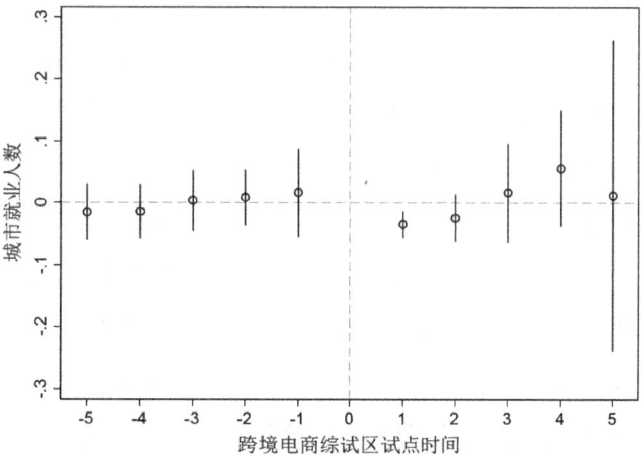

图 2–5　周边相邻城市的溢出效应检验

跨境电商综合试验区设立对当地劳动力就业的影响不存在空间溢出效应，那么当地劳动力就业净增长的原因将来自城市内部，接下来，考察劳动力在不同部门之间的就业溢出效应。

首先，考察城市三个产业部门的就业情况，回归结果如表 2-10 第（1）列至第（3）列所示，结果显示跨境电商综合试验区的地区就业效应主要得益于第二、第三产业的就业增加，相对于未设立的城市，跨境电商综合试验区设立的城市第二产业和第三产业的就业增加更加明显，而第一产业就业增加并不显著。

表 2-10　城市不同产业部门的就业溢出效应

	（1） 第一产业	（2） 第二产业	（3） 第三产业	（4） 批发和零售业	（5） 交通运输、仓储和邮政业	（6） 信息传输、计算机服务和软件业
$E\_Com \times Post$	（0.1203）	0.0667** （0.0325）	0.0722*** （0.0205）	0.1175*** （0.0364）	0.1399*** （0.0471）	0.2944*** （0.0454）
其他政策与控制变量	控制	控制	控制	控制	控制	控制
城市固定效应	控制	控制	控制	控制	控制	控制
省份 - 年份固定效应	控制	控制	控制	控制	控制	控制
观测值	2,742	2,713	2,699	2,782	2,782	2,782

其次，进一步考察第三产业内部与跨境电商相关行业的就业情况。从事跨境电商业务的企业主要集中于批发和零售行业，例如以 2019 年全国工商企业注册数据统计为例，从事跨境电商业务的企业有 2198 家，其中批发行业有 606 家，零售行业有 777 家，批发和零售行业的企业占比高达 62.91%，其次是软件和信息技术服务业、互联网和相关服务、多式联运和运输代理业等行业。因此，根据中国城市统计年鉴中的行业分组，进一步考察跨境电商综合试验区对当地“批发和零售业”“交通运输、仓储和邮政业”“信息传输、计算机服务和软件业”三个重点行业就业的影响，回归结果如表 2-10 第（4）列至第（6）列所示，结果表明跨境电商对这三个重点行业的就业增加具有显著的促进效应，结果稳健。

最后，基于表 2-10 回归结果，进一步采用事件研究法得到的动态效应如图 2–6 所示，可以看出，跨境电商综合试验区设立之前年份的估计系数主要在零值附近波动且不显著，而在跨境电商综合试验区设立之后，各个部门行业的劳动力就业出现了相对增加的趋势，除了第一产业就业以外，第二、第三产业以及三个重点服务行业的估计系数均显著为正，表明跨境电商综合试验区的地区就业效应主要源于城市内部不同部门之间的就业溢出效应。

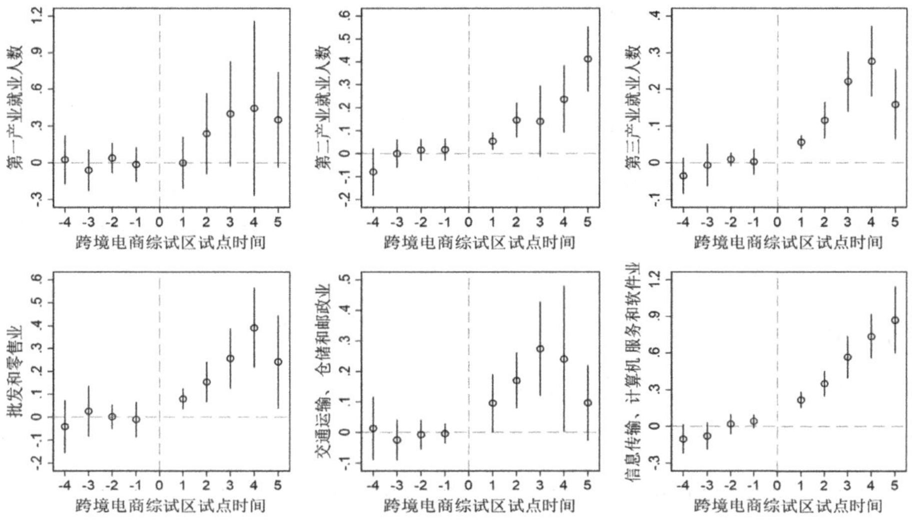

图 2–6　城市不同部门行业的就业动态效应检验

六、结论与政策启示

本章基于 2010—2020 年中国城市面板数据，以跨境电商综合试验区设立所涵盖的试点城市为分组依据，采用多时点双重差分模型考察跨境电商综合试验区设立对当地劳动力就业的影响。研究发现，跨境电商综合试验区设立显著促进了地区总就业，这一结论在动态效应检验以及排除同时期其他经济政策（如“一带一路”倡议、减税激励等）后依然稳健。作用机制检验得到，跨境电商综合试验区设立不仅具有显著的出口增长效应，还可以释放企业创业活力以提高劳动力需求。拓展分析发现，当地数字经济与电信业务的发展会显著促进跨境电商综合试验区稳定就业效应的发挥；跨境电商综合试验区的就业效应主要源于当地不同产业部门的就业溢出效应，对周围城市的就业溢出并不明显。

截至2022年，我国累计批准六批共计132个城市和地区设立跨境电商综合试验区，以跨境电商为代表的贸易新业态蓬勃发展，与此同时，多种政策措施出台用以稳定市场主体和保障就业。本章研究结论刻画了跨境电商贸易新业态与地区就业的关系，对当前形势下培育外贸竞争新优势以及稳就业稳市场主体具有重要的政策启示。

首先，进一步推动对外贸易创新发展，提升跨境电商贸易新业态的便利化水平，发挥跨境电商综合试验区和自由贸易试验区等政策叠加优势以推动外贸新业态融合发展，持续推出支持跨境电商综合试验区发展的政策措施，有助于稳定就业的对外贸易政策，例如，继续扩大跨境电商零售进口试点、严格落实监管。

其次，稳市场主体是保就业的前提和保障，研究表明跨境电商综合试验区可以显著促进企业创业，而企业创业活力是当地营商环境改善的重要体现，因此，积极改善企业创业环境，进一步推动贸易政策与创业就业政策协同，例如，降低跨境电商综合试验区内的企业创业门槛，加强人才培养与引进。

本章参考文献

柏培文，张云，2021. 数字经济、人口红利下降与中低技能劳动者权益[J]. 经济研究（05）：91-108.

蔡宏波，遆慧颖，雷聪，2021.“一带一路”倡议如何推动民族地区贸易发展？——基于复杂网络视角[J]. 管理世界（10）：73-85、127.

戴觅，张轶凡，黄炜，2019. 贸易自由化如何影响中国区域劳动力市场？

[J]. 管理世界（06）：56–69.

郭继文，马述忠，2022. 目的国进口偏好差异化与中国跨境电子商务出口——兼论贸易演变的逻辑 [J]. 经济研究（03）：191–208.

顾强，郑世林，2012. 中国电信体制改革政策配套效果研究 [J]. 中国工业经济（08）：56–68.

胡浩然，宋颜群，2022. 跨境电商改革与工资收入：一个新开放视角 [J]. 财经研究（05）：49–63.

鞠雪楠，赵宣凯，孙宝文，2020. 跨境电商平台克服了哪些贸易成本？——来自“敦煌网”数据的经验证据 [J]. 经济研究（02）：181–196.

李小帆，蒋灵多，2020.“一带一路”建设、中西部开放与地区经济发展 [J]. 世界经济（10）：4–27.

刘乃全，邓敏，曹希广，2021. 城市的电商化转型推动了绿色高质量发展吗？——基于国家电子商务示范城市建设的准自然实验 [J]. 财经研究（4）：49–63.

刘啟仁，赵灿，2020. 税收政策激励与企业人力资本升级 [J]. 经济研究（4）：70–85.

刘行，叶康涛，陆正飞，2019. 加速折旧政策与企业投资——基于“准自然实验”的经验证据 [J]. 经济学（季刊）（1）：213–234.

吕越，陆毅，吴嵩博，王勇，2019.“一带一路”倡议的对外投资促进效应——基于 2005—2016 年中国企业绿地投资的双重差分检验 [J]. 经济研究（9）：187–202.

马述忠，房超，2021. 跨境电商与中国出口新增长——基于信息成本和规模经济的双重视角 [J]. 经济研究（06）：159–176.

马述忠，房超，张洪胜，2019. 跨境电商能否突破地理距离的限制 [J]. 财贸经济（08）：116–131.

马述忠，胡增玺，2022. 跨境电子商务对我国企业出口市场组合风险的影响 [J]. 财贸经济（07）：149–164.

施炳展，2016. 互联网与国际贸易——基于双边双向网址链接数据的经验分析 [J]. 经济研究（05）：172–187.

施炳展，李建桐，2020. 互联网是否促进了分工：来自中国制造业企业的证据 [J]. 管理世界（4）：130–149.

田鸽，张勋，2022. 数字经济、非农就业与社会分工 [J]. 管理世界（5）：72–84.

唐跃桓，杨其静，李秋芸等，2020. 电子商务发展与农民增收——基于电子商务进农村综合示范政策的考察 [J]. 中国农村经济（06）：75–94.

王贝贝，陈勇兵，李震，2022. 减税的稳就业效应：基于区域劳动力市场的视角 [J]. 世界经济（7）：98–125.

王奇，牛耕，赵国昌，2021. 电子商务发展与乡村振兴：中国经验 [J]. 世界经济（12）：55–75.

韦大宇，张建民，2019. 中国跨境电商综合试验区建设成果与展望 [J]. 国际贸易（07）：18–24.

张洪胜，潘钢健，2021. 跨境电子商务与双边贸易成本：基于跨境电商政策的经验研究 [J]. 经济研究（09）：141–157.

薛成，孟庆玺，何贤杰，2020. 网络基础设施建设与企业技术知识扩散——来自“宽带中国”战略的准自然实验 [J]. 财经研究（4）：48–62.

张克中，欧阳洁，李文健，2020. 缘何“减税难降负”：信息技术、征税能力与企业逃税 [J]. 经济研究（03）：116–132.

张明志，岳帅，2020. 外部关税变动对中国区域劳动力就业的影响 [J]. 中国工业经济（01）：113–131.

张勋，万广华，张佳佳等，2019. 数字经济、普惠金融与包容性增长 [J]. 经济研究（08）：71–86.

赵涛，张智，梁上坤，2020. 数字经济、创业活跃度与高质量发展——来自中国城市的经验证据 [J]. 管理世界 36（10）：65–76.

赵西亮，2018. 农民工与城市工资——来自中国内部移民的证据 [J]. 经济学（季刊）(03)：969-994.

郑世林，周黎安，何维达，2014. 电信基础设施与中国经济增长 [J]. 经济研究（05）：77-90.

种照辉，高志红，覃成林，2022. 网络基础设施建设与城市间合作创新——“宽带中国”试点及其推广的证据 [J]. 财经研究（3）：79-93.

Acemoglu D，Autor D，Dorn D，et al.，2016，Import Competition and the Great US Employment Sag of the 2000s[J]，Journal of Labor Economics，34（1）：S141-S198.

Alder S，Shao L，Zilibotti F，2016，Economic Reforms and Industrial Policy in a Panel of Chinese Cities[J]，Journal of Economics Growth，21（5）：305 - 349.

Autor D H，Dorn D，Hanson G H，2013，The China Syndrome：Local Labor Market Effects of Import Competition in the United States[J]，American Economic Review，103（6）：2121-2168.

Broocks A，Biesebroeck J V，2017，The Impact of Export Promotion on Export Market Entry[J]，Journal of International Economics，107（4）：19-33.

Fan J，Tang L，Zhu W，et al.，2018，The Alibaba Effect：Spatial Consumption Inequality and the Welfare Gains from E-Commerce[J]，Journal of International Economics，114（7）：203-220.

Feng L，Li Z，Swenson D L，2017，Trade Policy Uncertainty and Exports：Evidence from China's WTO Accession[J]. Journal of International Economics，106：20-36.

Copeland B R，2008，Is There a Case for Trade and Investment Promotion Policy? In：Ciuriak，D.（Ed.），Trade Policy Research. Foreign Affairs and International Trade Canada，Ottawa.

Goldfarb A，Tucker C，2019，Digital Economics[J]，Journal of Economic Literature，57（1）：3-43.

Goldmanis M, Hortaçsu A, Syverson C, et al., 2010, E - Commerce and the Market Structure of Retail Industries[J], The Economic Journal, 120 (6): 651−682.

Helm I, 2020, National Industry Trade Shocks, Local Labor Markets, and Agglomeration Spillovers[J], Review of Economic Studies, 87 (3): 1399−1431.

Kline P, Enrico M, 2014, Local Economic Development, Agglomeration Economies, and the Big Push: 100 Years of Evidence from the Tennessee Valley Authority[J], Quarterly Journal of Economics, 129 (1): 275−331.

Erten B, Leight J, 2021, Exporting out of Agriculture: The Impact of WTO Accession on Structural Transformation in China[J], Review of Economics and Statistics, 103 (2): 364−380.

Kovak B K, 2013, Regional Effects of Trade Reform: What is the Correct Measure of Liberalization? [J], American Economic Review, 103 (5): 1960−1976.

Ku H, Schönberg U, Schreiner R C, 2020, Do place−based Tax Incentives Create Jobs? [J], Journal of Public Economics, 191 (1): 1−17.

Munch J, Schaur G, 2018, The Effect of Export Promotion on Firm−Level Performance.[J], American Economic Journal: Economic Policy, 10 (1): 357−87.

Tian X, Xu J J, 2021, Do Place−Based Policies Promote Local Innovation and Entrepreneurship? [J], Review of Finance, 26 (3) 595 - 635.

第三章 跨境电商、经济增长与企业就业技能结构改善

跨境电子商务（简称跨境电商）作为“互联网＋外贸”的具体体现，因其具备推动国际贸易进一步发展的能力，成了新的经济增长点。我国政府高度重视跨境电子商务的发展，自2015年以来，我国分批次在多个试点城市设立了跨境电商综合试验区，跨境电商改革深刻影响着每家企业。本章基于2011—2019年A股上市公司数据，借助“跨境电商综合试验区”这一准自然实验，采用多期双重差分法系统评估了跨境电商改革对试点城市企业创新的影响，得出了以下结论：（1）研究发现，跨境电商改革显著提高了企业的创新能力。（2）异质性检验发现，跨境电商改革主要显著提高了中西部地区、第二产业与非国有企业等样本组企业的创新能力。（3）作用机制检验发现，跨境电商改革通过税收优惠等政策从供给侧方向降低了实验区内企业的税收负担，从而提高了企业的创新能力；从需求侧方向来看，跨境电商改革增加了企业用工需求与高水平人才需求，改善了企业人才结构，进而提高了企业的创新能力。

本章结构安排如下：第一部分是引言；第二部分是文献回顾、理论机制与研究假说；第三部分是数据来源、变量选取与模型设定；第四部分是实证结果与分析；第五部分是作用机制检验与拓展分析；最后是结论与政策启示。

一、引言

“跨境电商”是跨境电子商务的简称，指不同地域环境下的交易主体利用互联网电子商务平台进行的贸易活动，包括支付、清算、物流等，其涉及的商业活动具有国际性质。这种商业活动基于互联网，突破了时间和空间的限制，通过代码和IP地址的设定，成为现实交易和虚拟结算之间的桥梁。跨境电商是当今社会的一个独特的交易模式，具有颠覆传统的交易模式的特点。随着国际贸易的不断发展和全球数字化程度的加深，跨境电商已经成为全球商务领域中的一个热门话题。中国作为世界上最大的贸易国之一，在跨境电商方面拥有巨大的发展潜力。根据中国海关总署的统计数据，2022年中国跨境电商进出口规模达到2.1万亿元人民币，同比增长7.1%。其中，出口跨境电商货物达到1.53万亿元人民币，进口跨境电商货物达到5278亿元人民币。跨境电商作为我国对外贸易的新兴业态，受到了政府高度重视。《“十四五”对外贸易高质量发展规划》中指出，“十四五”时期要扎实推进跨境电商综试区建设，建立线上线下融合、境内境外联动的营销体系，推进跨境电商线上综合服务平台等基础设施建设，并强调了跨境电商在吸纳劳动就业、提升企业创新能力、促进国内外双向互动等多方面的积极作用。与此同时，我国人口高质量发展呈现新形势，要以人口高质量发展支撑中国式现代化，加强人力资源开发利用，稳定劳动参与率，提高人力资源利用效率，提高劳动者职业技能素质，推动“人口红利”向“人才红利”转变。

基于上述背景，本章以企业就业技能结构为切入点，详细研究了跨境电商发展对企业劳动就业技能结构改善的影响。研究发现，设立跨境电商综合试验区显著促进了试点城市的企业劳动就业技能结构改善。与此同时，企业技能劳动力相对非技能劳动力的雇佣比例、高学历劳动力相对低学历劳动力的雇佣比例均显著提高。跨境电商作为供给侧结构性改革的延伸，其蓬勃发展的势头与政府政策改革密切相关。为了推动中国跨境电商的发展和创新，中国政府提出了一系列的改革措施。自2015年国家在杭州设立首个跨境电商综合试验区以来，我国政府逐渐加快对跨境电商综合试验区试点城市的开发，2016年我国商务部审批天津、上海、重庆等12个城市作为第二批跨境电商综合试验区的试点城市。截至2022年11月14日，我国一共在31个省份分七批次设立了共计165个跨境电子商务综合试验区。园区内的优惠政策主要有无票免税、所得税核定征收、通关便利化和放宽进口监管等，深刻影响着企业创新。本章旨在研究跨境电商综合试验区建设对企业创新的影响，并提出相关建议，为政府和企业提供参考。

二、文献回顾、理论机制与研究假说

（一）文献回顾

跨境电商与人力资本升级之间存在紧密的关系。随着跨境电商行业的快速发展，企业需要具备全球化供应链、国际物流运营和市场推广的能力。这就需要企业在人力资本方面进行升级，以提高员工的国际化水平和专业能力。通过培训和引进人才，企业能够更好地适应跨境电商的需求，提高运营效率，实现可持续发展。

研究指出，专业化的人才支持是跨境电商发展的关键要素之一（黄剑、黄卫平，2019），已有研究也关注到了人力资本在电子商务发展过程中的重要作用，例如，唐红涛等（2018）的研究发现，人力资本对电子商务提升农村扶贫效率存在中介效应，人力资本水平越高的地区，电商提升扶贫效率的作用越强。李昀（2023）的研究表明，人力资本在跨境电商促进贸易发展中具有重要作用，跨境电商不仅可以直接作用于服务贸易，还可以通过促进人力资本提升来推动服务贸易的发展，但也仅限于分析人力资本优化的中介作用，对于跨境电商与人力资本升级缺乏更加系统性的研究。此外，Bănescu 等（2022）探究了电子商务的发展对劳动力市场的影响，指出电子商务公司数量的增加可能会增加对熟练劳动力的需求。马淑琴等（2020）利用中国城市层面的数据，从理论和实证两方面分析了电子商务环境下人力资本投资对于区域经济增长的影响，指出电商发展存在将非技能劳动者向技能劳动者转化的潜在效应，这为研究跨境电子商务综合试验区与企业人力资本升级提供了有益借鉴。

近年来，随着中国经济的快速发展和市场的日益开放，创新成为越来越多企业追求的目标。企业创新可以带来巨大的经济效益，包括提高企业的竞争力、创造更多就业机会等。研究表明，创新产出和创新环境均对企业发展产生长期显著的积极影响且创新环境对企业发展的贡献程度要高于创新投入与创新产出对企业发展的贡献程度。陈晓勇（2019）构建了创新型企业持续创新的动力机制，包括内在和外在激励两大方面。然而，当前中国的许多企业创新水平仍然相对较低，其中政府创新政策的有效性与企业自主创新能力成正相关关系，因此，需要探索有效的创新政策来促进企业创新与发展。平浩希（2020）研究了中国减税政策对企业创新的影响，认为减税政策有利于提升企业创新研发投入及产出、促进企业创新的积极性。武锶芪（2021）实证发现如果企业未将所获得的补贴滥用或挪用于与创新活动无关的支出，那么财政补贴能正向、显著地激励企业进行创新投入。此外，产业政策也是影响企业发展的重要因素，地方产业政策能够有效提升企业发明专利数量（孙正昕等，2023）

随着中国经济的快速发展和市场的日益开放，中国跨境贸易也得到了快速发展。面对多变的国际经济环境，我国用数字经济赋能跨境贸易，这已成为我国出口贸易新的突破点。数字经济对跨境贸易的增长起到了显著的正向作用，而由此产生并蓬勃发展的跨境电商也对区域经济增长起到了显著的正相关作用，二者互为因果。由此可见，跨境贸易对于促进中国经济的发展、扩大国际贸易、提高国际竞争力等方面都具有重要意义。

跨境电商相比传统外贸有其独特的优势，通过利用数字化交易方式和空间上的无边界性质，跨境电商有效地解决了外贸营销渠道问题并打破了地理空间对贸易的限制，这一点被多位学者所提及（李清沛，2019；鄂立彬等，2014）。跨境电商所采用的这些技术可以显著降低公司开支、提升运营效益，并在制造环节优化资源配置效率，减少中间费用，拓展新兴市场，成为传统贸易领域的有益补充（梅寒，2020）。跨境电商还具备去中介化、增强时效性和削减空间限制等特点。通过将国内外供需双方直接连接，跨境电商避免了中间环节，彻底改变了传统的对外贸易方式。对中小型企业而言，跨境电商成为国际贸易的推动力量，而跨境电商平台功能的完善和商业信用体系的确立，则有力地推动了全球普惠贸易时代的到来（王健，2016）。

基于此，徐松和张艳艳（2017）提出我国应积极采取措施促进跨境电商发展，将跨境电商建成“中国制造”出口的新通道，为我国外贸取得竞争优势、占领制高点提供支持。沈伟玲（2021）进一步探讨了在跨境电商背景下制造业企业如何创新国际市场营销渠道。随着互联网的兴起与跨境贸易的发展，跨境电商也成为中国经济发展的新动力。近年来，中国跨境电商呈现出快速发展的趋势，受到了党和政府的高度重视。其中，跨境电商综合试验区的设立有效助力外贸稳规模、优结构，推动了业态创新发展，其带来的经济效益不可小觑。杨以文等（2023）研究发现，跨境电商综合试验区试点政策的实施能够促进电商行业发展。

然而，跨境电商企业的发展仍受到多种因素的干扰，包括国际经济环境不确定性风险加剧、国内同质企业竞争加剧、物流成本提高、人才缺口大等问题，因此需要规范跨境电商企业竞争行为，制定企业考核体系和出台跨境电商改革政策与设立综合试验区来促进跨境电商企业发展。李欣宇（2021）对创新驱动模式下跨境电商企业的绩效考核提供了研究方向，周勍（2020）以国内视角研究了跨境电商政策的影响效应，并提出了关于完善跨境电商政策的相关建议。研究总结以往文献可得，跨境电商改革对于园区的企业存在多方面的积极影响，诸如跨境电商改革可以显著提高园区内员工平均工资水平，提高企业风险承担水平以及出口企业市场进入概率等，而对于企业创新这一影响企业发展的关键环节，现有文章认为，政府的监管政策和试点政策与企业创新发展极具关联度，企业创新目标和创新方式均与政策呈显著相关，但并未对跨境电商改革对企业创新的影响程度与机制做更深入的探究。

总之，中国跨境电商综合试验区的设立对于企业创新具有重要的影响。通过政策的支持和创新的推动，跨境电商可以为中国经济的发展和市场的开放带来新的动力和机遇。

（二）理论机制与研究假说

一直以来，国际贸易始终被认为是对公司技术创新产生重大影响的关键因素。不论是在新古典经济学、新贸易理念还是在新新贸易理论的框架体系中，国际贸易都被视为实现全球技术传播与外溢的主要途径。跨境电商作为新兴数字国际贸易，企业可以通过吸收数字贸易开放的技术溢出突破原有技术瓶颈，实现创新质量升级。根据王健（2015）的研究，互联网技术的广泛应用使得中小企业更容易参与国际贸易，全球进入了普惠贸易时代。普惠贸易，根据张文林（2018）的定义，是指全球贸易的所有参与者，特别是贸易中处于相对弱势地位的主体，都能积极有效地参与全球贸易并从中获利的一种贸易模式。跨境电商的发展促进了贸易碎片化趋势，让中小企业和个体经营也能更为容易地参与到全球贸易分工中，这种趋势又促进了贸易的碎片化，使得普惠贸易成为主流。普慧贸易的特点是主体多元化、渠道多元化、流程透明化和服务便利化。

交易成本理论将企业视为价格机制的补充。跨境电商改革与该理论有着密切的联系。在跨境电商中，交易成本主要涉及通关效率、交易便利性、国内外规则的应用与执行，以及利用互联网寻找客户的能力等方面，而跨境电商改革政策正好对这些成本产生持续且显著的影响。本章研究中交易成本理论的应用主要体现在经济成本这一方面。若一种跨境电商模式或市场行为所需的经济成本高于其经济效益，政府应对现行法规进行制定或修改，以遏制该模式的扩展。同时，我们出口商品所面对的买方市场也存在差异。由于各国政策和法律的不同，产权交易在购买方和销售方之间的调整可能导致网络卖家在不同市场之间做出选择。这便是交易成本理论在跨境电商领域的实际运用。

竞争优势理论是由迈克尔·波特 1990 年在《国家竞争优势》一书中提出的，又称钻石理论。波特认为，一个国家某产业的竞争优势是由生产要素，国内需求，相关产业和支持产业，企业战略、结构和竞争四个要素所决定。这四个要素相互作用，形成了钻石体系，同时，机遇和政府也会对这四个因素产生影响，从而影响产业的竞争力。波特提出的竞争力分析方法，以及商业逻辑的归纳方法，对于本章研究开展跨境电商经营创新与政策间的关系思考，具有重要的借鉴意义。跨境电商企业在受国家政策影响后开展产品设计创新、丰富营销手段、搭建电商平台等方面，都符合竞争优势理论的基本主张。基于以上文献综述与理论推导，得出了第一个基本假设。

假设 1：跨境电商改革对企业创新具有积极影响，能够显著提高企业创新水平。

从需求角度分析，企业行为反映了需求侧的变化。在税收优惠等政策积极支持下，部分先行实验区的企业可能会通过投资和拓展跨境电商业务来增加劳动力需求。而高技能或者高端人才的边际劳动生产率一般更高，由于业务的扩大与资金的扩充，公司需要可以进行产品研发、电商平台搭建等高水平高素质的研发人员。因此，从需求侧角度来看，公司对跨境电商改革的积极响应表现为发展跨境电商业务，提升公司的就业水平，以满足更多的劳动力需求。同时，有助于完善公司的人才结构，吸引更多具有专业知识和技能的人才加入，提高公司在行业中的竞争力。基于以上分析，提出第二个假设。

假设 2：跨境电商改革改善企业劳动就业结构。

从供给侧方面分析，我们认为最为直接的作用机制来自跨境电商改革的税收优惠政策。税收优惠政策首先直接减轻了企业的税收压力，随着税收的降低和退还，公司内部资金的流动性得到提升（王伟同等，2020）。随着税收负担的减轻，企业有足够的资金招揽更多的优秀研发人员（潘士远等，2019），从而提升了企业的创新研发能力。因此，从供给侧视角来看，税收优惠政策因其带来的企业税率下降，成为跨境电商改革提升企业创新的重要影响机制。跨境电商综合试验区的具体政策是对园区内企业实行进口减税和出口退税以及核定征收所得税，已有研究表明，政府补助和税收优惠均对示范区企业创新绩效具有正向促进作用，减税政策能提升企业创新研发投入和产出、促进企业创新。郭玥（2018）构建政府补助信号传递机制模型发现，企业获得政府补助后会显著增加研发投入和创新产出。因此，关于跨境电商改革对企业创新的影响可以得出第三个假设：

假设 3：跨境电商改革通过税收优惠政策，降低企业税负，变相地提高了企业创新能力。

三、数据来源、变量选取与模型设定

（一）数据来源

本章选取 2011—2019 年沪深上市公司数据作为数据来源，并且考虑到存在有公司经营连续亏损两年并面临退市风险，其股价和股票收益率的波动比较异常，可能影响本文的研究结论，因此剔除了所有的 ST 和 *ST 上市公司样本。跨境电商综合试验区试点城市名单来源于中国政府网。

（二）变量选取

被解释变量：企业劳动就业技能结构。本章把企业劳动就业技能结构改善定义为技能劳动力相对非技能劳动力雇佣比例的增加。首先根据劳动者工作性质区分劳动就业技能结构，将技术工作人员视为技能劳动力，非技能工作人员则视为非技能劳动力。与此同时，进一步根据受教育程度区分劳动就业技能结构，具体为高学历劳动力相对低学历劳动力的雇佣比例，将受教育程度为大专及以上学历的劳动者归类为高学历劳动者，中专及以下学历的劳动者归类为低学历劳动者。

解释变量：跨境电商改革。*Policy* 为政策分组虚拟变量，本章将跨境电商改革的试点城市设置为 1，其他城市则设置为 0。设立时间（*Post*）为政策冲击的时间虚拟变量，截取跨境电商综合实验区前四批试点城市，即 2015 年、2016 年、2018 年和 2019 年的 4 批共计 59 个试点城市，针对地址位于试点城市名单内的企业设置政策冲击时间虚拟变量，将政策公布当年及政策发生后的年份均设置为 1，政策发生前设置为 0。交叉项（$Policy \times Post$）表示跨境电商改革对企业创新的因果效应。

控制变量：考虑到可能存在其他因素会对估计结果造成影响，本文选取能反映企业特征的控制变量，以控制其他潜在因素对论证跨境电商改革对企业创新的影响的干扰。借鉴胡浩然等（2022）、李磊和刘常青（2023）的做法，选取的控制变量如下：企业规模（*Size*），用上市企业总资产取自然对数表示；企业年龄（*Age*），用上市企业实际存续年限表示；资产负债率（*Lev*），用上市企业总负债除以总资产衡量；管理层持股比例（*Ceo_share*），用董监高（董事、监事、高层管理人员）持股数量占总持股数量之比表示；资产收益率（*Roa*），用上市企业净利润除以总资产衡量；固定资产占比（*Fixed*），用企业固定资产净额占企业总资产的比重表示；留存收益资产比（*Re*），用盈余公积与未分配利润之和除以资产总额表示。根据上市公司的股权性质将企业划分为国有企业与非国有企业，设置企业性质虚拟变量 *EP*，将国有企业设置为 1，非国有企业设置为 2。

中介变量：企业创新。本文将上市公司的专利数量作为企业创新的指标，可以较直观地展现出企业创新的进展与意愿。专利是对企业研发成果的一种法律保护，确保了企业对其创新成果的专有权。企业拥有的专利数量反映了企业在研发活动中产生的创新成果，从而间接体现了企业的创新能力。若跨境电商改革增加了企业的专利数，则表明跨境电商改革能有效提高企业的创新能力。

除此之外，为了排除其他潜在不随时间和个体变化的不可观测因素的干扰，在计量模型中还控制了企业固定效应和年份固定效应。企业固定效应（η_t）用于控制不随时间变化的企业固有特征；年份固定效应（μ_i）用于控制不随时间变化的因素。同时为避免奇异值对估计结果产生干扰，对所有变量在 1% 的水平上进行了缩尾处理。

（三）计量模型设定

为探究跨境电商改革对企业创新的影响，将我国政府设立跨境电商综合试验区作为准自然实验，构建了如下多期双重差分模型：

$$Y_{i,t}=\alpha+\beta\times Policy_c\times Post_t+\lambda Control_{i,t}+\eta_t+\mu_i+\varepsilon \quad (3\text{–}1)$$

式（3–1）中，i，t，c 分别表示企业，年份，地级市。$Y_{i,t}$ 表示企业在 i 年的专利申请量；$Control$ 表示控制变量，ε 为随机扰动项，μ_i 为企业固定效应，η_t 为时间固定效应，$Policy_c\times Post_t$ 表示跨境电商试验区政策的影响效果，本章主要关注 β 的大小，如果 β 显著大于 0，说明跨境电商改革有助于提升试验区内企业的创新能力；相反，当 β 显著大于 0，则说明跨境电商改革将改善企业的劳动就业技能结构。

四、实证结果与分析

（一）基准回归结果

根据跨境电商的具体政策可知，跨境电商综合试验区设立的主要目的之一就是希望园区内企业能吸纳更多的创新人才。跨境电商综合试验区可以通过政策和服务等方面的优势，为企业提供更多的人才培训和职业发展机会，帮助企业建立完善的人才培养体系，提升员工的技术水平和职业素养。同时还鼓励企业多元化招聘和使用人才，包括技术人才、营销人才、管理人才等，形成人才结构的多元化和复合化。通过改革帮助企业优化人才配置，把优秀的人才配置到合适的岗位上，让他们发挥出更大的作用，从而提高企业的创新能力。跨境电商改革还可以吸引国外优秀的高端人才来到企业工作，优化企业的人才结构，为企业技术创新和产品研发提供更好的支持。总的来说，跨境电商改革可以通过改善企业人才结构，引进高端人才、培养人才、多元化人才结构、优化人才配置等，为企业提供更好的人才支持和服务，从而提高企业的创新能力。

考虑到公司开展跨境电商业务可能需要招聘更多产品创新、平台架构和技术研发等研发类人才，本章使用公司的研发人员数量占比（TS），即研发人员数量除以员工总数量来衡量人才结构。表 3-1 报告了跨境电商综合试验区政策对于企业人力资本升级的影响。其中，企业人力资本升级被定义为企业技能劳动力（skill）相对非技能劳动力（unskill）的雇佣比例，表 3-1 第（1）列报告了这一结果。第（2）列是对技能劳动力占比的检验结果；第（3）列是对高学历劳动力相对低学历劳动力的雇佣比例的回归结果；第（4）列控制了省份 - 年份固定效应，控制不同省份的宏观经济影响因素。系数显著为正，表明跨境电商综合试验区的设立能有效优化公司人才结构，提高研发人员占比，促进了企业劳动就业结构改善。

表 3-1 基准回归结果

	（1）	（2）	（3）	（4）
	skill_unskill	skill	high_low	skill_unskill
Policy×Post	0.0171**	0.0048**	0.2292**	0.0171*
	（0.0086）	（0.0019）	（0.1130）	（0.0104）
Lev	−0.1288***	−0.0133*	−1.1540	−0.1325***
	（0.0313）	（0.0074）	（0.7048）	（0.0317）
REC	0.2205**	0.0607***	4.3284**	0.2247**
	（0.0864）	（0.0186）	（1.7295）	（0.0879）

续表

	（1）	（2）	（3）	（4）
	skill_unskill	skill	high_low	skill_unskill
Growth	0.0284***	0.0077***	0.0814	0.0288***
	（0.0085）	（0.0019）	（0.0773）	（0.0085）
Indep	–0.1348	–0.0481**	0.8319	–0.1481*
	（0.0842）	（0.0192）	（1.1864）	（0.0857）
Mfee	0.1304*	0.0461***	0.3146	0.1303*
	（0.0768）	（0.0169）	（1.4705）	（0.0784）
Occupy	0.1049	0.0327	1.7360	0.1318
	（0.1557）	（0.0367）	（3.4235）	（0.1591）
employ	–0.0119	–0.0199***	–0.8632***	–0.0137
	（0.0085）	（0.0021）	（0.2169）	（0.0087）
Mshare	–0.0143	0.0089	–0.8331	–0.0154
	（0.0420）	（0.0102）	（0.8026）	（0.0421）
SOE	–0.0003	0.0056	–0.4668	–0.0005
	（0.0215）	（0.0058）	（0.7545）	（0.0222）
sci_exp	–0.0059	–0.0002	–0.1637	–0.0268**
	（0.0090）	（0.0022）	（0.1414）	（0.0107）
fin_exp	0.0166	0.0031	0.1115	–0.0108
	（0.0175）	（0.0053）	（0.4004）	（0.0261）
观测值	21,411	21,983	7,808	21,411
R^2	0.858	0.859	0.895	0.859
企业固定效应	控制	控制	控制	控制
年份固定效应	控制	控制	控制	控制
省份固定效应				控制

注：*、**、*** 分别表示在 10%、5% 和 1% 的置信水平上显著，括号内为稳健标准误。下同。

（二）政策动态效应

图 3–1 展示了跨境电商综合试验区政策对于企业人力资本升级的动态效应。在跨境电商综合试验区设立之前，并没有显著的政策效应，企业技能劳动力相对雇佣比例差异基本保持稳定，在企业受到跨境电商综合试验区设立的冲击之后，试点地区企业的技能劳动力相对雇佣比例明

显提升，即跨境电商综合试验区的设立显著促进了当地企业的人力资本升级。

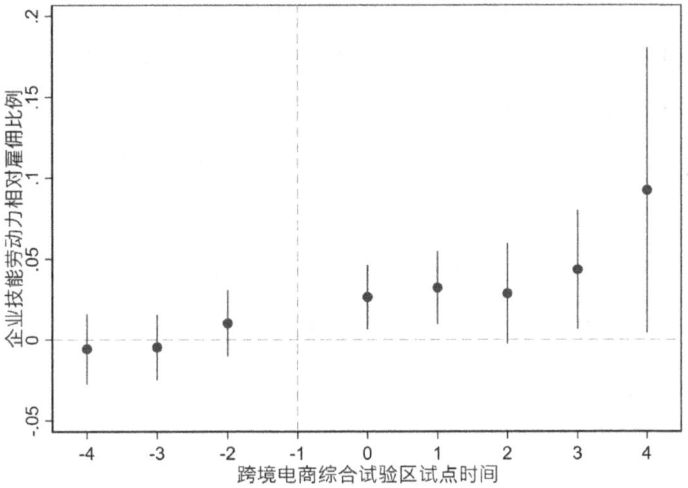

图3-1　跨境电商综合试验区政策与企业就业技能结构改善

五、作用机制检验与拓展分析

（一）对企业税收优惠的影响

根据跨境电商的改革政策，国家对试验区园内企业实行了一系列的税收优惠政策，而降低企业税收负担有助于公司节省更多资金以用于研发投资，从而提高企业创新能力。跨境电商综合实验区的税收优惠措施可以优化商业环境，减轻公司运营成本，增强企业竞争力和市场份额，从而为公司创新创造更有利的外部条件和支持。还可以为企业提供更多的发展机会和成长空间，激励企业创新、扩大产能、提升产品质量和附加值，从而提高企业的创新能力。总的来说，跨境电商综合试验区通过税收优惠等政策措施，可以为企业提供更好的发展环境和支持，降低企业的税收负担，鼓励研发投入，改善营商环境，激励企业成长，从而改善企业的劳动就业技能结构。

为验证这一点，将公司税率（Tax）采用（营业税金及附加 + 所得税费用）/ 营业收入来衡量，对其进行机制检验，结果如表 3-2 所示。第（1）列结果显示，公司税率对企业创新呈显著的负向影响，即公司税率越低，企业创新能力越强。第（2）列以公司税率作为被解释变量，把跨境电商改革政策与公司税率做交互，结果显示，跨境电商改革与公司税负呈显著负向影响，即跨境电商改革能有效降低公司税负。结合第（1）列结果可得，跨境电商改革通过对园区内企业实行税收优惠，有效降低了公司税率，显著提高了企业创新的能力，说明了税收优惠是跨境电商改革改善企业劳动就业技能结构的影响渠道。

表 3-2　税收优惠机制检验结果

	（1） Patent	（2） Tax
Policy×*Post*		-0.0032*** （-0.0005）
tax	-168.4780*** （-65.3905）	
X	控制	控制
Id FE	控制	控制
Year FE	控制	控制

（二）区域经济增长效应

本章选取了 2010 年到 2020 年的中国城市统计年鉴城市经济发展水平（GDP）数据，在文中主要分析研究设立跨境电商综合试验区这一政策的有效性，检验该项政策是否能够推动城市经济增长。由于双重差分法既能对时间效应进行有效控制，同时也能满足控制个体效应，满足了本章样本在时间和地区两方面对政策实施效果影响的研究，因此我们用双重差分法来进行各项检验。表 3-3 第（1）列为没有加入控制变量之前的双重差分固定效应（城市固定效应、年份固定效应）回归结果。通过以上模型可以看出自变量对因变量（ln*gdp*）的影响是正向的且统计显著的。表 3–3 第（2）列为没有加入控制变量之前的双重差分固定效应（城市固定效应、省份 – 年份固定效应）回归结果，且双重差分项的回归系数显著为正

表 3–3 区域经济增长的回归结果

	（1） ln*gdp*	（2） ln*gdp*
Policy×*Post*	0.0698*** （0.0246）	0.0629*** （0.0165）
城市固定效应	是	是
年份固定效应	是	否
省份 – 年份固定效应	是	是
Observations	3,155	3,100
R–squared	0.9792	0.9930

本章研究采用的双重差分法的关键前提是排除其他影响因素。除了跨境电商综合试验区政策的实施外，处理组和对照组的城市发展应保持一致，并且不受时间因素的影响。然而，选取该政策实施地区时，会考虑该地区是否具备设立跨境电商综合试验区的相关条件，例如发达的物流系统、健全的交通设施、完善的相关贸易法律法规等。因此，具备良好基础设施和保障的地区更可能被选为政策实施地区。这可能导致设立跨境电商综合试验区的城市与未设立的城市在发展程度上存在初始差异。为了验证这一点，我们需要在稳健性检验中检查不同城市之间是否存在系统性差异，以及进行平行趋势检验（见图 3–2）。此外，可能还存在其他政策或随机因素导致设立综合试验区地区的经济增长存在差异。

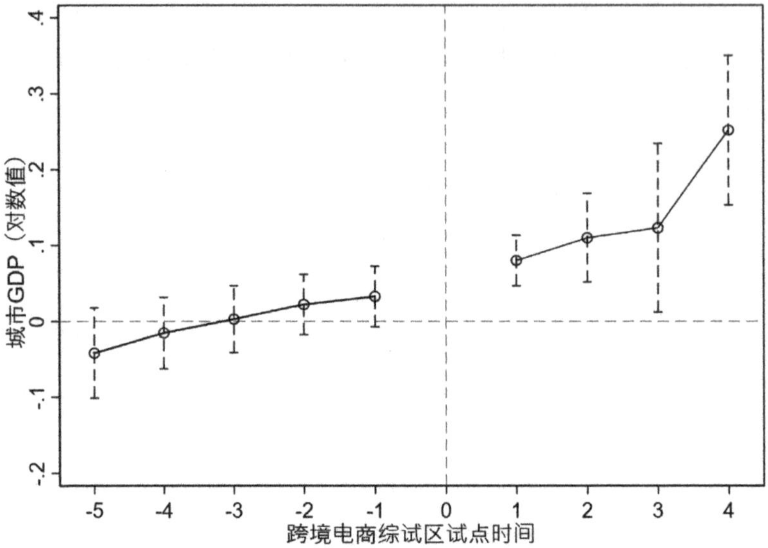

图 3-2　事前平行趋势检验

从图 3-2 中可以看出，在政策实施前，试点城市和非试点城市的经济增长曲线基本保持平行，表明两组样本的趋势相似，符合平行趋势假设。然而，在政策实施后，试点城市的经济增长曲线开始逐渐向上，并在实施后数年内呈现出相对稳定的增长趋势。与之相比，非试点城市的经济增长曲线变化相对较小，呈现出相对平稳的状态。这表明跨境电商综合试验区政策实施后，试点城市的经济增长相对于非试点城市更为显著，政策实施对于试点城市的经济增长起到了积极的促进作用。

（三）不同地区的异质性分析

本章基于城市地理区位的不同进行了异质性分析（见表 3-4），结果显示了中西部地区和东部地区在跨境电商试验区政策效应方面存在显著差异。具体来说，在中西部地区，跨境电商试验区的政策效应系数为 0.1277，显著性水平达到 1%；而在东部地区，政策效应系数为 0.0343，显著性水平达到 5%。这表明，跨境电商试验区政策对中西部地区的城市经济增长有更大的促进作用。这个结果进一步说明了中国不同地理位置的城市在政策实施后的经济效应存在明显差异，即城市的地理位置会影响政策的影响力。这也提示我们在制定政策时，需要充分考虑到不同地区城市的差异性和特点，针对不同地区采取差异化的政策和措施，以达到最优化的效果。此外，在模型中还引入了城市和年份固定效应，并且在异质性分析中也进行了控制，这增加了模型的可靠性和解释力度。因此，基于城市地理区位的异质性分析为我们提供了更加深入的思考和理解，也为政策制定提供了更具体、更科学的依据。

表 3-4 异质性分析结果

	（1） 中西部地区	（2） 东部地区
Policy×Post	0.1277*** （0.0293）	0.0343** （0.0135）
Observations	1,400	609
R-squared	0.9920	0.9978
控制变量	是	是
City FE	是	是
Year FE	是	是

六、结论与政策启示

发展跨境电商对企业扩大外贸业务，创新制造与销售方式具有极其重要的作用，随着国家和地方政府越来越重视跨境电商业务，跨境电商相关政策也愈发完善。2015 年至今国家已经设立七个批次的跨境电商综合实验区，为促进跨境贸易发展，响应“双循环”新发展格局做出突出贡献。本章以“跨境电商综合试验区”作为准自然实验事件，结合 2011—2019 年沪深上市公司数据，构建多期双重差分模型，系统检验了跨境电商改革对企业劳动就业技能结构的影响。本章主要研究结果为：（1）跨境电商改革显著改善企业的劳动就业技能结构，并且通过了相关的稳健性检验。（2）从作用机制来看，跨境电商改革减轻了企业税负，进而提高了企业研发投入，从而促进企业劳动就业技能结构的改善。（3）

跨境电商改革促进了区域经济增长，进而增加了企业对于高水平研发人才的需求，改善了企业人才结构。

基于本章研究，提出如下政策建议：

第一，继续深化跨境电商改革，扩大跨境电商综合试验区试点城市范围。根据本章研究，国家与地方政府可充分发挥跨境电商政策在促进企业创新、吸纳人才就业、扩大对外贸易等方面的积极作用，推动地区发展，响应构建“双循环”的新发展格局。要提升政策试验的成效与影响，发挥改革政策的预期效果，应在促进产业互动发展方面，全方位加强战略配套和政策服务功能。试点城市的政府及企业应在发展理念上强化跨境电商与经济系统互动发展的战略认知。在制定跨境电商发展策略及规划时，避免仅仅执行“跨境电商产业政策”或“大型跨境电商基地”。从全国跨境电商发展的角度出发，应合理加大与试点城市产业及经济发展需求相匹配的跨境电商产业园支持力度，通过试点实验工作，探寻有助于地方经济发展的深层规律和经验。推动各城市加大“放管服”改革力度，建立监管部门之间的双向信息交流关系，进而促进跨境电商产业与试点城市经济之间的良性互动，实现城市跨境电商与经济初步整合发展。更应注重试点区域“后期配套政策如何制定”的问题，全面考虑试点城市政策保障及发展环境等配套措施，跳出单一或少数试点政策体系思路，以普惠性试点政策为起点，实现更多地区在公平环境中获得更多利益的跨境电商政策保障体系。

第二，继续深化互联网电子商务与传统产业相融合，推动产业发展。创新永远是第一动力，在全球化与信息化的今天，跨境电商改革可以对传统产业尤其是制造业产生正向的创新激励作用，政府应加大对企业尤其是传统企业创新的政策扶持力度，促进企业转型升级，提升企业综合实力，占领竞争高地。并且对产业进行供给侧改革，建立产业协同创新平台，鼓励企业、高校、科研院所、金融机构等多方共建跨境电商产业创新平台，促进产学研用金融等多方面的深度融合，推动产业链整体升级和优化。企业自身也应积极开展跨境电商领域的技术研发和创新，如大数据、人工智能、物联网等新技术的应用，提高企业在国际市场的竞争力。

第三，创新就业政策，从需求侧入手吸纳更多高水平人才。创新型人才是企业创新动力来源，也是地方经济增长的重要推动力。政府可通过跨境电商改革等创新政策对企业提供专项财政补贴，为企业扩大用工需求、改善人才结构、招纳更多高端人才提供政策支持与鼓励。同时政府和企业应共同关注人才培养和引进问题，建立完善的人才培养体系，吸引和留住具有创新能力和国际视野的人才。同时，搭建国内外人才交流和合作平台，促进人才之间的相互学习和成长。

第四，为适应各地区特点，需因地制宜地发展跨境电商。无论是否是试点城市，必须结合实际情况，进行适当的调整。现阶段试点城市的跨境电商与经济互动发展存在不协调之处，主要原因是跨境电商对经济的推动作用有限。因此，在支持跨境电商发展时，要根据当地产业现状，以推动关键产业发展为目标，而不仅仅关注跨境电商交易额增加或引进领军企业。应以是否对当地经济发展提供支持作为总体原则和出发点。目前，尽管中西部地区的企业受跨境电商改革影响创新能力有大幅提高，但中国东部沿海试点城市的跨境电商与经济发展的耦合互动表现仍然相对优于中部地区，这在一定程度上说明通过发展跨境电商来促进试点城市经济发展具有较好的基础和潜力。在推进跨境电商实施过程中，多数城市可以适当关注本地整体产业结构发展的路径规划。因此，各城市在发展过程中应更注重政策、人才和技术等方面的适当倾斜，努力形成符合本地跨境电商与城市经济协同发展的联动格局。

第五，增加对企业减负力度，扶持有潜力的中小企业。税收负担不仅限制企业吸纳研发型高水平人才，还限制企业参与国际贸易的能力，不利于中小微与高科技型企业的发展壮大。地方政府应转变发展思路，着眼未来的长远利益，培养本土企业，而非仅着眼于现目前一时的税收利益。中小微企业也应加强与政府的合作互动。为使政策更好地支持有益的企业创新，企业既要积极适应政策规定，根据政策具体内容，剔除业务模式中不符合或不合适的部分，进而规范企业行为；同时，也要主动与政府部门沟通，实时反映政策需求，对已实施及即将发布的政策提出切实可行的建议。

本章参考文献

鄂立彬，黄永稳，2014. 国际贸易新方式：跨境电子商务的最新研究 [J]. 东北财经大学学报（02）：22-31.

郭玥，2018. 政府创新补助的信号传递机制与企业创新 [J]. 中国工业经济（09）：98-116.

胡浩然，宋颜群，2022. 跨境电商改革与工资收入：一个新开放视角 [J]. 财经研究（05）：49-63.

胡浩然，宋颜群，2022. 跨境电商试验区设立与企业风险承担 [J]. 中南财经政法大学学报（04）：16-28+53.

黄先海，虞柳明，崔雪，2022. 长三角共同富裕新实践：跨境电商综试区建设对城乡收入差距的影响 [J]. 浙江社会科学（11）：1-13.

李春涛，宋敏，2010. 中国制造业企业的创新活动：所有制和 CEO 激励的作用 [J]. 经济研究（05）：55-67.

李昀，2023. 跨境电商对服务贸易发展的影响研究——基于人力资本优化的中介效应 [J]. 商业经济研究（10）：147-150.

李磊，刘常青，韩民春，2022. 信息化建设能够提升企业创新能力吗？——来自“两化融合试验区”的证据 [J]. 经济学（季刊）（03）：1079-1100.

李艳梅，2020. 跨境电商综合试验区政策对区域物流供应链的影响研究——基于面板数据模型的实证分析 [J]. 经济与管理研究（5），67-78.

刘娟，郑淑君，2022. 贸易便利化对我国跨境电商综试区电商发展促进作用分析 [J]. 对外经贸（12）：26–31.

马淑琴，郑佳豪，王占敏，2020. 电商环境下人力资本投资与区域经济增长——基于我国地级市面板数据的经验证据 [J]. 中国流通经济（08）：58–68.

马述忠，郭继文，张洪胜，2019. 跨境电商的贸易成本降低效应：机理与实证 [J]. 国际经贸探索（5）：1–14

沈伟玲，2021. 跨境电商背景下我国制造企业国际市场营销渠道创新探讨 [J]. 当代经济（09）：78–81.

宋颜群，胡浩然，2022. 跨境电商改革对试验区企业出口的影响及作用机制研究 [J]. 现代财经（天津财经大学学报）（04）：20–35

唐红涛，郭凯歌，张俊英，2018. 电子商务与农村扶贫效率：基于财政投入、人力资本的中介效应研究 [J]. 经济地理（11）：50–58.

王健，巨程晖，2016. 互联网时代的全球贸易新格局：普惠贸易趋势 [J]. 国际贸易（07）：4–11.

王利荣，芮莉莉，2022. 跨境电商综合试验区对地区经济的影响及差异性分析——基于“反事实”视角 [J]. 南方经济（03）：53–73.

王伟同，李秀华，陆毅，2020. 减税激励与企业债务负担——来自小微企业所得税减半征收政策的证据 [J]. 经济研究（08）：105–120.

韦大宇，张建民，2019. 跨境电子商务综合试验区政策对电商企业出口的影响研究 . 商业经济研究（5）：25–31.

徐松，张艳艳，2015. 应将跨境电商建成“中国制造”出口的新通道 [J]. 经济纵横（02）：26–30.

袁其刚，嵇泳盛，2023. 跨境电商如何影响劳动力就业——基于跨境电子商务综合试验区的准自然实验 [J]. 产业经济研究（01）：101–114.

张正荣，董继红，韩秋野，2020. 跨境电子商务综合试验区扩围的政策与实践 [J]. 国际商务（对外经济贸易大学学报）（2）：1–22.

钊阳，戴明锋，2019. 中国跨境电商发展现状与趋势研判 [J]. 国际经济合作（06）：24-33.

朱贤强，王庆，2019. 跨境电商综试区的地域差异性研究 [J]. 国际商务（对外经济贸易大学学报）（5）：19-35.

Bănescu C-E，Țițan E，Manea D，2022，The Impact of E-Commerce on the Labor Market[J]. Sustainability. 14（9）：50-86.

第四章　工业机器人使用、工资技能溢价与劳动就业调整①

本章利用2012—2016年中国工业机器人数据和中国劳动力动态调查数据，根据城市产业结构构建城市工业机器人使用程度的指标，以及根据亚洲其他国家工业机器人发展构建“Bartik工具变量”，基于区域劳动力市场的分析视角，细致回答了“机器换人”这一时代命题。研究发现：（1）城市工业机器人使用没有造成当地劳动力整体就业岗位的减少，但导致了劳动力在不同部门之间的重新配置，即制造业部门就业概率下降，服务业部门就业概率上升；（2）城市工业机器人使用显著提高了当地劳动力的工作时长，主要源于服务业部门工作时长的增加；（3）城市工业机器人使用对当地的整体工资增长影响较小，但部门工资结构随之调整，其中制造业部门的工资和技能溢价增长较快，服务业部门的工资增长较慢，而技能溢价无显著变化。本章的研究结论对全面认识我国工业机器人对区域劳动力市场的影响具有重要的借鉴意义与参考价值。

本章结构安排如下：第一部分是引言；第二部分是文献回顾、理论机制与研究假说；第三部分是数据来源、变量选取与模型设定；第四部分是实证结果与分析；第五部分是基于劳动力工资的拓展分析；最后是

① 本章主要内容发表于《北京师范大学学报（社会科学版）》2020年第6期，合作者为赵春明、李宏兵与彭刚。

结论与政策启示。

一、引言

工业智能化在一国经济结构转型和产业升级过程中占有重要地位，工业机器人作为工业智能化的重要技术应用越来越多地在制造业生产中投入使用，对企业创新、产品质量、技能需求等经济活动产生重要影响。全球范围内的工业机器人使用规模快速增长，图 4–1 显示了 1993—2018 年中国、美国、德国以及亚洲其他国家工业机器人使用规模每年的增长情况，从图中可以看出，各个国家工业机器人每年的增长规模在 1993—2018 年期间整体呈上升趋势，相较于美国和德国而言，中国与亚洲其他国家的工业机器人使用规模在 2008 年全球金融危机之后增长更加显著，并且两者呈现出极其相似的增长趋势[①]。作为一个正处于经济结构转型关键期的制造业大国，中国工业机器人的使用近年来呈现爆发性增长的趋势（程虹等，2018；Cheng 等，2019）[②]。根据国际机器人联盟数据库（International Federation of Robotics，IFR）的记录，中国工业机器人的使用规模从 1999 年的 550 台快速增长到 2018 年的 649447 台，20 年期间工业机器人使用规模平均每年增加 3 万余台，其中 2017—2018 年的增加最高，达到 15.6 余万台，中国工业机器人的使用规模自 2016 年以来连续多年位居世界首位。

---

① 本章实证部分根据中国与亚洲其他国家工业机器人使用规模的增长相似性，采用 2012—2016 年亚洲其他国家工业机器人使用构建同时期中国工业机器人使用的工具变量。

② 中国工业机器人使用的规模快速增长背后的原因可能与中国政府的政策支持相关，2006 年中国政府首次将智能机器人列为先进制造技术，之后分别于 2013 年出台《关于推进工业机器人产业发展的指导意见》、2016 年出台《机器人产业发展规划（2016—2020）》和《工业机器人行业规范条件》，并于 2015 年提出“加快工业机器人等在生产过程中的应用”。整体上形成了中央政策主导发展方向、地方政府优惠促进工业机器人使用的企业集聚发展的态势。

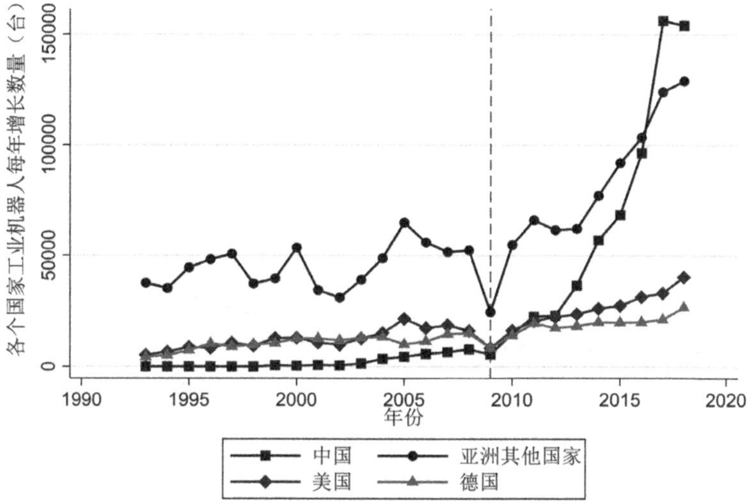

图 4－1　1993—2018 年部分国家工业机器人年增长情况

数据来源：国际机器人联盟数据库。

中国工业机器人的使用在时间维度上呈现爆发性增长的同时，其在不同的城市之间也存在明显的差异化发展趋势。程虹等（2018）使用中国企业－劳动力匹配调查数据指出广东、江苏两省的机器人使用在2008—2017 年一直处于领先地位，两省使用机器人的企业比例在 2017年分别较全国平均水平高出 5%—6%。此外，本章根据城市产业就业结构和全国范围的制造业行业机器人数据构建城市工业机器人使用程度的指标以衡量工业机器人在不同城市之间的差异化发展（具体构建方法见后文）。图 4–2 显示了 2008—2018 年不同分位点分布的城市工业机器人使用的增长情况，可以看出，中国不同城市的工业机器人使用在 2008—2018 年的 11 年间均经历了不同程度的增长，并且工业机器人在 10 分位点（25 分位点）分布的城市与在 90 分位点（75 分位点）分布的城市之间的增长差异也随时间逐渐扩大，以 2018 年为例，工业机器人在后者的使用程度是前者的 6.06 和 2.56 倍。

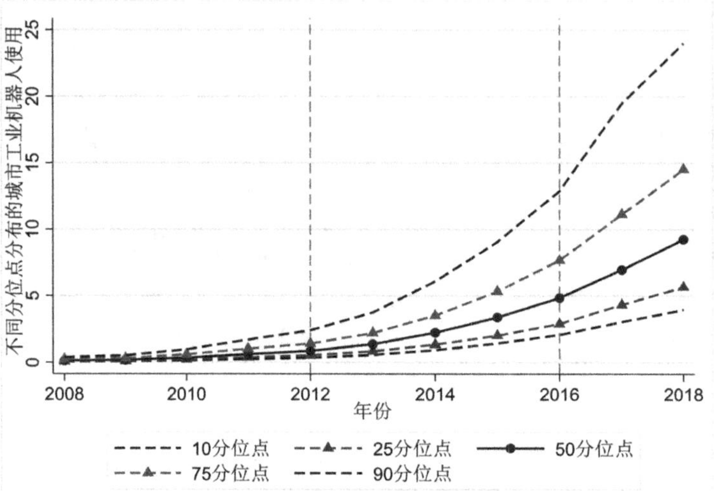

图 4-2　2009—2018 年不同城市工业机器人使用的增长情况

中国工业机器人使用在时间上的爆发性增长和空间上的差异化增长构成了中国过去十余年工业智能化发展的两个典型事实。与此同时，中国在经济结构转型和开放发展的过程中也从过去对劳动力数量的依赖转变为对更高劳动力质量的需求，劳动力就业结构和收入分配机制也在发生调整，主要表现为劳动力在不同部门之间进行重新配置以及劳动力因技能禀赋差异获得的报酬不同。正如现有文献所提到的，工业机器人的使用替代劳动力了吗？工业机器人对劳动力就业和工资造成了怎样的影响？面对工业机器人，劳动力如何做出调整？这些问题将构成本章的核心命题。

基于上述事实，本章构建中国城市工业机器人使用程度的指标，基于 2012、2014 和 2016 年中国劳动力动态调查数据，以劳动力的就业和工资为研究对象，基于中国区域劳动力市场的分析视角，对工业机器人是否替代劳动力等问题进行实证分析。主要研究结果表明，城市工业机器人使用不会对当地劳动力整体就业和工资造成负面影响，但当地劳动力会在制造业部门和服务业部门之间进行重新配置，并且不同部门的劳动力工资和技能溢价也会做出相应调整。值得说明的是，工业机器人使用程度较大城市的制造业部门劳动力以及低技能劳动力群体在这一过程中所受到的冲击较大。

本章的创新和边际贡献主要有：（1）有效结合了工业机器人与微观劳动力个体数据，率先从理论和实证层面细致回答了"机器换人"这一时代命题，拓展了技术进步的经济社会效应的相关研究。（2）构建城市工业机器人使用的指标以衡量工业机器人在中国不同城市的增长情况，并基于亚洲其他国家的工业机器人发展构建中国城市工业机器人使用的工具变量进行因果识别。（3）基于中国区域劳动力市场变化的视角，分析中国城市工业机器人使用对当地劳动力跨部门重新配置、工作时长、工资以及技能溢价的影响，为现有研究关于工业机器人的收入分配效应提供中国证据。

二、文献回顾、理论机制与研究假说

（一）我国工业机器人发展概况

工业机器人是面向于工业领域的多关节机械手或多自由度的机器装置，具有一定的自动性，即可使用自身的能源动力和控制能力进行各种工业制造。近年来，工业机器人领域迎来了飞速发展，与传统工业设备以及劳动力相比，成本差距越来越小，而且工业机器人制造的产品的个性化程度高。同时，在一些工艺复杂的产品制造过程中，工业机器人可以满足技术型产品复杂的焊接工艺及焊接质量、效率的要求，经济效益显著。

我国工业机器人于20世纪70年代初期开始得到发展。20世纪工业机器人在我国经过20多年的发展，可以大致概括为三个发展阶段：70年代的萌芽发展期、80年代的迅速发展期，以及90年代的多领域适用化期。

自20世纪70年代我国发射了第一颗人造卫星之后，世界各国纷纷掀起了工业机器人规模应用的浪潮，尤其是在日本，日本对工业机器人的应用可谓是空前重视，工业机器人使用有效补充了日本当时日益短缺的劳动力。在这种大背景下，我国于1972年正式开始独立研制完全属于自己的工业机器人。到了20世纪80年代，各类高科技层出不穷，再加之我国改革开放的不断深入、深化，我国政府开始高度重视并大力支持我国工业机器人相关技术的开发与研究。在“七五”期间，我国投入了大量的资金，针对工业机器人及其重要零部件的研发工作进行了攻关，顺利完成了一套完整的示教再现型工业机器人技术的研发，并相应地研制出了可以实现喷涂、点焊、弧焊和搬运工作的工业机器人。1986年，我国开始实施国家高技术研究发展计划，即“863计划”，旨在使我国的工业机器人技术水平跟上世界工业机器人的前沿技术水平。经过几年的重点研究，“863计划”获得了许多瞩目的研究成果，并成功地研制出了一批高技能水平的工业机器人。自20世纪90年代初期始，我国的国民经济到了实现两个根本转变的重要时期，并由此推动了新一轮经济体制的改革和科学技术的迭代。在此期间，我国工业机器人水平在研发与实践中又向前迈进了一大步：科研人员先后研制出了点焊、弧焊、装配、喷漆、切割、搬运、包装码垛等拥有各种功能的工业机器人，并将工业机器人投入一批工程任务中实践，以此建成了一系列工业机器人产业化基地，为中国工业机器人产业21世纪的迅猛发展奠定了基础。虽然我国工业机器人产业在不断进步，但对比国际同行，依然存在明显差距，市场占有率更无法与其相提并论。当前我国尚未掌握众多工业机器人核心技术，这是阻滞我国工业机器人产业发展的一个重要瓶颈。随着我国人口红利不断下降及企业用工成本不断上升，工业机器人逐步走进了公众视野，在我国相关政策支持下，工业机器人进入增长爆发期。

（二）文献回顾与研究假说

工业机器人等工业智能化应用技术具有生产效率高和智能化水平高等特点，将会对企业创新、产品质量、技能需求等经济活动产生重要影响。

工业生产中技术的发展和应用对企业生产率以及劳动力需求的影响一直以来是学者广泛关注的对象，如信息技术（Autor 等，1998；Brynjolfsson 和 Hitt，2000；Stiroh，2002；Bartel 等，2007）、机械自动化（Doms 等，1997；Acemoglu 等，2014，）等。工业生产中企业对可编程的控制器、计算机自动化设计以及数控机器的应用对于劳动力的教育水平和职业组合提出新的要求，通过雇佣专业人员和精密技术工人对企业生产率产生影响。随着技术的进一步发展，工业机器人和人工智能等更智能化的技术应运而生，对产业升级和经济结构转型发挥了重要作用。其中，现有文献从理论和实证方面对工业机器人使用如何影响劳动力需求进行了分析和研究。如 Hemous 和 Olsen（2013）构建了一个包含自动化技术和创新的内生的经济增长模型，并讨论了自动化技术对不同技能工人的工资的影响，研究指出，自动化机器人的应用会替代低技能劳动力以及抑制低技能工人的工资增长，进而提高技能溢价。Lankisch 等（2017）在一个资本积累的理论分析框架中得到了与 Hemous 和 Olsen（2013）类似的结果，研究指出，机器人等自动化技术的应用提高了人均工资水平，不同技能水平工人的工资增长存在差异，自动化技术通过降低低技能工人的真实工资促进了技能工资溢价。Acemoglu 和 Restrepo（2020）在一个包含区域特性的一般均衡框架下，讨论了工业机器人在地区层面上的就业和工资效应，根据模型的均衡条件可以得到工业机器人使用的地区效应依赖于当地经济活动与工业机器人的使用程度，而后者则需要行业层面的机器人技术发展和地区的产业结构满足，他们的研究在理论上指出工业机器人使用程度较大的地区会降低劳动力就业和工资增长。

工业机器人替代劳动力了吗？现有文献从不同的视角对此进行了较为丰富的实证检验。Graetz 和 Michaels（2018）基于 1993—2007 年 17 个国家行业的样本数据研究发现，工业机器人的使用在劳动力生产率的提升过程中占有重要地位，并且促进了全要素生产率的提升，降低了产品价格。在劳动力需求方面，他们发现工业机器人的使用虽然减少了低技能工人的就业份额，但并没有减少总体就业人数。诸多研究从具体的国家内部为此提供了类似的证据，如 Dauth 等（2017）基于 1994—2014 年德国不同地区工业机器人的使用样本研究发现，与 Graetz 和 Michaels（2018）的研究结果类似，工业机器人的使用并没有对当地劳动力整体就业造成负面冲击，但却改变了德国当地劳动力在不同部门之间的就业结构，工业机器人的使用造成了德国制造业部门减少了 27.5 万个工作岗位，约占同时期制造业部门总体就业岗位下降的 23%。值得注意的是，Dauth 等（2017）发现当地劳动力通过部门之间的重新配置，使得服务业部门的就业增加，几乎弥补了制造业部门的就业损失。Acemoglu 和 Restrep（2020）基于 1990—2007 年美国不同地区工业机器人的使用样本研究发现，就业人口比重在工业机器人使用程度较高的地区下降了约 0.39%，工业机器人的就业抑制效应在制造业部门和密集使用机器人的行业更加显著，美国的蓝领工人以及与装配职业相关的工人受到的冲击较大。此外，面对工业机器人的使用，劳动力的工资和收入份额也会相应地做出调整，工业机器人对劳动力工资的影响取决于劳动力自身的技能禀赋以及所在的就业部门，并且工业机器人使用会通过影响劳动生产率和工资进而对劳动力收入份额产生影响（Dauth 等，2017；Graetz 和 Michaels，2018；Acemoglu 和 Restrep，2020）。

许多文献从行业层面、省份层面和微观企业层面对中国工业机器人的发展和应用进行了讨论和实证分析，闫雪凌等（2020）使用 2006—2017 年制造业数据样本，从行业层面研究发现机器人的使用对制造业就业岗位数量有显著的负面冲击，但对工资并无显著影响。韩民春和冯乐兰（2020）基于中国 2005—2017 年省级面板数据的分析得到了闫雪凌等（2020）类似的结论，工业机器人对中国制造业就业市场产生负面影响，但对制造业生产率的提升有显著的促进作用。韩民春和乔刚（2020）进一步研究发现工业机器人使用制造业就业的抑制作用只存在于低技能劳动力的就业，并且高技术复杂度的机器人对就业的替代作用更加明显。

此外，也有文献从微观企业层面对此进行了分析，如程虹等（2018）采用中国企业－劳动力匹配调查数据对机器人在中国的发展趋势及其对企业绩效的影响研究发现，工业机器人对中国劳动力市场存在替代效应并且对企业生产率和管理效应有显著的促进作用。程虹等（2020）基于相同的数据进一步研究发现，机器人对劳动力工资和劳动力质量有显著的提升效应，其中，劳动力质量的提升依赖于企业的内部培训和外部引进两个渠道。此外，他们还发现工业机器人的使用为企业带来了加工方式、生产流程和检测方法等工艺创新，进而改进了企业质量（程虹和袁璐雯，2020）。

整体而言，现有文献主要是关注于机器人对制造业部门劳动力的影响，基于中国区域劳动力市场劳动力跨部门重新配置以及技能工资溢价的分析视角还相对比较有限。现有文献的研究思路给了本章有益启示，但依然存在进一步研究的空间：（1）根据城市产业就业结构构建城市层面的工业机器人使用程度指标，从区域劳动力市场的维度进行分析，中国地区收入差异巨大、产业结构存在明显的地域性特征，这意味着区域劳动力市场这一维度的效应在中国也不容忽视。（2）不同于现有文献聚焦于制造业部门的研究，本章在制造业劳动力就业分析的基础上进一步考察城市工业机器人使用对劳动力跨部门的重新配置以及制造业和服务业部门劳动力的工资和技能溢价的影响，这意味着劳动力群体面对工业机器人的使用变化情况做出的应对调整。

根据上述文献综述，本章提出如下研究假说。

假说1：中国工业机器人在时间和空间维度上呈现差异化发展趋势，工业机器人使用通过产业结构的地域性特征对中国区域劳动力市场产生异质性影响。

假说2：面临城市工业机器人使用的冲击，当地劳动力通过跨部门重新配置、工作时长以及工资等方面做出应对缓冲，区域劳动力市场调整效应显现。

三、数据来源、变量构建与模型设定

（一）数据来源

本章的实证分析涉及城市层面的工业机器人使用和劳动力在不同部门的就业、工资以及技能溢价等核心变量。首先，城市工业机器人使用程度的指标采用工业部门各细分行业的工业机器人台数、城市15—64岁适龄劳动力人数以及城市期初的产业就业结构加权平均得到。其中，行业层面的机器人台数来自国际机器人联盟数据库，该数据库提供了包括中国在内的75个国家涵盖农业、制造业和部分服务业部门的工业机器人年度增量和存量台数；城市15—64岁适龄劳动力人数来自2010年全国人口普查数据资料；城市的产业就业结构来自2008年中国经济普查数据，该数据提供了全国344个城市所有企业的从业人数，本章使用每个城市层面以及城市－行业层面的总就业人数构建城市的产业就业结构。其次，劳动力分部门就业、工作时长和工资等变量来自中山大学社会科学调查中心2012、2014和2016年中国劳动力动态调查数据，该数据对劳动力个体开展每两年一次的动态追踪调查，样本覆盖中国29个省市、调查对象为样本家庭户中的全部劳动力（年龄15—64岁的家庭成员）。此外，采用亚洲其他国家的工业机器人使用情况作为中国工业机器人使用的工具变量，数据来自国际机器人联盟数据库、2004年全国经济普查数据以及2000年全国人口普查数据资料。需要说明的是，国际机器人联盟数据库行业与国民经济2位行业分类并非完全一致，根据数据的可获得性，本文通过与CIC-2位行业匹配得到14个制造业细分行业的机器人使用台数，将2008年经济普查数据、2010年全国人口普查数据资料以及中国劳动力动态调查数据中的城市代码进行匹配，共得到115个可追踪的城市样本。研究的样本窗口期为2012、2014和2016年三期。

（二）变量构建

1. 城市工业机器人使用

参照 Dauth 等（2017）、Acemoglu 和 Restrep（2020）的研究方法，采用城市的产业就业结构、城市适龄劳动力数量以及行业层面的工业机器人台数构建城市层面的工业机器人使用指标，如下式所示：

$$Robots_{c,t}=\sum_{j}\frac{emp_{j,c,2008}}{\sum_{j}emp_{j,c,2008}}\times\frac{Robots_{j,t}}{Labor_{c,2010}} \tag{4-1}$$

式（4-1）中，c 表示城市，j 表示行业，t 表示时间。$Robots_{c,t}$ 表示 2012、2014 和 2016 年全国范围内的 14 个制造业细分行业层面的机器人使用台数，$emp_{j,c,2008}$ 表示 2008 年某个城市－行业层面的劳动力数量，$Labor_{c,2010}$ 表示 2010 年某个城市 15—64 岁适龄劳动力数量。从式（4-1）可以看出，城市层面的工业机器人使用是行业层面机器人使用的加权平均，权重为行业在考察样本之前年份（2008 年）占制造业行业劳动力总数的份额。理论上来说，如果某个行业在该城市所占的就业份额比较大，那么该行业的机器人增长对该城市的劳动力市场变化产生更大的影响。$Robots_{c,t}$ 的差异一方面来自不同制造业行业层面机器人在 2012—2016 年期间的增长差异，另一方面来自不同城市在样本考察期之前产业就业结构的差异。此外，使用 2010 年该城市 15—64 岁适龄劳动力数量进行人均化。通过式（4-1）的构建，$Robots_{c,t}$ 表示不同年份城市层面每万人中工业机器人的使用台数。

对于城市工业机器人使用的指标有两点说明：一是，本章的样本考察对象和时期是 2012、2014 和 2016 年的区域劳动力市场，为了缓解实证分析过程中因反向因果可能产生的内生性问题，采用 2012 年之前的城市产业就业结构作为城市工业机器人使用的构建权重，同理，城市层面的适龄劳动力数量也是来自 2012 年之前的数据，这在最大程度上使得城市工业机器人使用相对于区域劳动力市场更加外生化。二是，行业层面的制造业和产业就业权重均只包含了制造业部门，在国际机器人联盟数据库原始数据中提供了部分农业和服务业部门的机器人使用台数，本章没有使用非制造业部门的工业机器人构建指标主要基于如下考虑：一方面，本章与现有文献研究一致，重点分析工业机器人使用对区域劳动力市场的影响，另一方面，农业和服务业部门的机器人使用仅涵盖部分行业，如建筑和教育行业，并且相对于制造业机器人使用的台数非常少，分别在2012—2016年增加1891台和21.9余万台，前者增加的数量不到后者的1%。

2. 区域劳动力市场

实证分析基于区域劳动力市场的视角，主要的研究对象包括城市层面劳动力到制造业部门参加工作的概率、劳动力到服务业部门参加工作的概率以及劳动力到任意部门参加工作的概率，不同部门劳动力的工作时长、工资；不同部门不同技能水平劳动力工资等。此外，还包括劳动力的个人特征变量，如年龄、性别、户籍、受教育程度、母亲受教育程度等。

实证分析中主要变量的描述性统计如表4–1所示。

表4–1　主要变量的描述性统计

主要变量	2012年	2014年	2016年	全部年份
城市工业机器人使用（台/千人）	0.91	2.35	5.08	2.59
城市工业机器人使用（IV）（台/千人）	8.37	9.13	11.31	9.44
当前是否参与工作	0.574	0.450	0.463	0.491
是否到制造业部门工作	0.169	0.140	0.137	0.147
是否到服务业部门工作	0.405	0.310	0.325	0.285
工作时长（每周小时数）	44.476	46.542	46.765	45.859
制造业部门工作时长（每周小时数）	45.850	49.213	47.985	47.758
服务业部门工作时长（每周小时数）	43.965	45.349	46.305	45.075
每小时工资	16.645	23.613	26.872	22.139
制造业部门每小时工资	13.564	15.745	17.298	15.399
服务业部门每小时工资	18.150	27.716	31.360	25.453

（三）计量模型设定与估计方法

基于区域劳动力市场的视角，分析2012—2016年城市工业机器人使用对当地劳动力就业和工资的影响，根据亚洲其他国家的工业机器人使用情况构建实证分析的工具变量进行2SLS回归，基准回归模型设定如下：

$$Y_{i,c,t}=\alpha+\beta Bobots_{c,t}\times\gamma X+\mu_c+\lambda_t+\xi_{ict} \quad (4-2)$$

式（4-2）中，$Y_{i,c,t}$表示城市c中的劳动力i在2012、2014、2016年就业和工资表现，如是否参与工作、在哪个部门参加工作、工作时长以及工资等。核心解释变量$Bobots_{c,t}$为同时期城市c每万人中工业机器人的使用台数。回归方程（4-2）中核心解释变量前的估计系数的经济学含义表示为城市工业机器人使用对当地15—64岁适龄劳动力就业和工资的影响。X为一系列的个体特征变量，如个人年龄、性别、户籍、受教育程度以及母亲受教育水平等。此外，为了排除城市层面不随时间变化不可观测的宏观因素对回归结果可能造成的干扰，在回归方程中加入城市固定效应μ_c，同时为了排除随时间变化不可观测的宏观因素对回归结果可能造成的干扰，进一步加入年份固定效应λ_t。ξ_{ict}为随机扰动项。回归中将标准误在城市层面进行聚类。

对于计量模型设定有两点说明：一是，回归方程（4-2）中的核心解释变量城市工业机器人使用的构建体现了两个维度的异质性，即行业进口关税税率差异和地区期初就业结构差异，不同制造业行业层面机器人在2012—2016年期间的增长差异和不同城市在样本窗口期之前的产业就业结构，这一分析框架使得实证策略识别的是工业机器人使用对不同城市劳动力就业和工资的相对效应，而不是绝对效应。因此，回归方程（4-2）中核心解释变量前的估计系数所体现的经济学含义反映的是不同城市15—64岁适龄劳动力的就业和工资在工业机器人影响下的相对变化情况，后文对回归结果的解释和分析可以比较不同分位数上城市之间的效应差异。二是，机器人的使用增长来自当地制造业部门，回归方程

（4–2）左侧是当地制造业部门、服务业部门以及两个部门劳动力的情况，因此，回归结果既包含了工业机器人使用对当地制造业部门劳动力的直接影响，也包含了对当地服务业部门劳动力的间接影响，城市内部劳动力供需均衡的实现意味着不同部门之间劳动力配置和劳动力整体的就业参与状况会做出相应调整。

四、实证结果与分析

（一）基准结果与分析

表 4–2 报告了基准回归结果。其中，第（1）列、第（2）列分别是在控制劳动力个人特征变量前后当地 15—64 岁劳动力到制造业部门工作的概率对城市工业机器人使用的回归结果，为了控制城市层面和时间层面其他不可观测因素对结果可能造成的影响，在回归时均加入了城市固定效应和年份固定效应，结果显示，当地劳动力到制造业部门参与工作的概率与城市工业机器人使用呈负相关关系，控制个体特征变量之前在 5% 的统计显著性水平上显著，但在控制个体特征变量之后两者之间的关系不再显著。第（3）列、第（4）列分别是在控制劳动力个人特征变量前后当地 15—64 岁劳动力到服务业部门工作的概率对城市工业机器人使用的回归结果，结果显示，当地劳动力到服务业部门参与工作的概率与城市工业机器人使用呈正相关关系，并且在 10% 的统计显著性水平上显著。当面对外部冲击时，城市内部劳动力供需均衡需要劳动力在不同部门之间以及与参与就业之间进行重新配置，城市工业机器人使用与制造业部门就业呈负相关关系，与服务业部门呈正相关关系，两个部门之间的净效益可以反映在劳动力到任意部门参与就业的情况，正如第（5）列的回归结果所示，当地劳动力到所有部门参与就业的概率与城市工业机器人使用呈正相关关系（0.013=−0.019+0.032），但在统计显著性水平上并不显著。表 4–2 的回归结果表明，从区域劳动力市场的视角分析来看，城市工业机器人的使

用与当地制造业部门的就业整体呈现替代效应，但是并没有对当地劳动力整体就业参与造成负面影响，主要原因是相应的就业结构发生了改变，虽然制造业部门的劳动力在一定程度上被替代，但服务业部门的就业人数显著上升。

表 4-2　城市工业机器人使用与劳动力跨部门重新配置的回归结果

	（1）	（2）	（3）	（4）	（5）
	制造业部门	制造业部门	服务业部门	服务业部门	所有部门
城市工业机器人使用	−0.0223** （0.0105）	−0.0191 （0.0116）	0.0294* （0.0150）	0.0322* （0.0160）	0.0131 （0.0104）
年龄		−0.0195*** （0.00338）		0.00300 （0.00605）	−0.0165*** （0.00559）
性别		−0.0488*** （0.00719）		−0.128*** （0.00862）	−0.177*** （0.00959）
户籍		−0.0338** （0.0155）		−0.0178 （0.0141）	−0.0516** （0.0208）
受教育水平		−0.00164 （0.00290）		0.0952*** （0.00329）	0.0936*** （0.00441）
母亲受教育水平		−0.0112*** （0.00369）		0.00648 （0.00516）	−0.00472 （0.00519）
城市固定效应	控制	控制	控制	控制	控制
年份固定效应	控制	控制	控制	控制	控制
观测值	26,759	26,759	26,759	26,759	26,759
R^2	0.139	0.149	0.083	0.159	0.200

注：*、**、*** 分别表示在 10%、5%、1% 的置信水平下显著，括号内为稳健标准误，聚类到城市层面。下同。

虽然第三部分在城市工业机器人使用指标的构建过程中，采用样本窗口期之前的城市产业就业结构和适龄劳动力数量尽可能地使解释变量外生化，但工业机器人的使用依然可能会受到劳动力就业结构的反向影响，例如，当前我国人力资本的扩张通过促进劳动技能禀赋提升对企业生产率的提高产生正向影响，企业进而需要采用智能化设备达到技能与技术的互补。同时，我国政府将机器人产业作为推动制造业转型升级的战略行业，鼓励机器人的使用，因此，实证分析依然可能存在因不可观测的遗漏变量偏误而导致的内生性问题。为了使实证结果具有因果解释的意义，进一步构建城市工业机器人使用的工具变量进行 2SLS 回归。在现有关于工业机器人经济效应的研究中，工具变量的构建一是采用历史上的相关智能设备的发展作为当前机器人使用的工具变量，如 Graetz 和 Michaels（2018）采用 1980 年的行业机械臂的使用作为 1993—2007 年机器人使用的工具变量进行因果识别；二是采用机器人在不同国家之间应用规模的趋同性作为某一国家机器人使用的工具变量，如 Acemoglu 和 Restrepo（2020）使用同行业欧盟国家的机器人应用规模作为美国机器人使用的工具变量。闫雪凌等（2020）采用美国同行业机器人的安装量作为我国工业机器人安装量的工具变量。

根据本章的研究维度，借鉴 Acemoglu 和 Restrepo（2020）、闫雪凌等（2020）的研究思路，并考虑国家间制造业的相似性和机器人使用的实际情况，采用亚洲其他国家同行业的机器人使用作为我国行业机器人使用的工具变量进行识别。然后，采用与解释变量相同的构建方法，构建城市层面工业机器人使用的工具变量，为了防止采用相同来源的数据使得解释变量和工具变量之间因城市产业结构而不是行业机器人所产生的相关性，在城市层面工具变量的构建过程中，城市产业就业结构的数据来自 2004 年全国经济普查数据，城市适龄劳动力数量来自 2000 年全国人口普查数据资料。如图 4-3 所示，采用亚洲其他国家工业机器人作为工具变量与我国工业机器人作为解释变量在行业和城市两个维度均呈正相关关系。

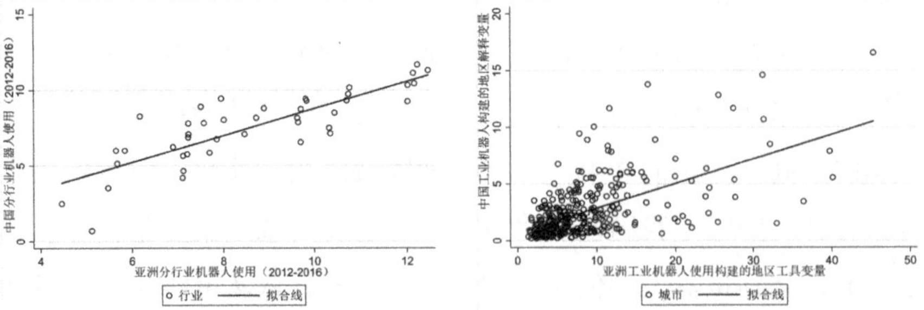

图 4-3　亚洲其他国家机器人使用与我国机器人使用的关系

表 4–3 报告了劳动力跨部门重新配置的工具变量回归结果，第（1）列结果显示劳动力到制造业部门就业对城市工业机器人使用的回归系数显著为负，表明城市工业机器人使用显著降低了对当地劳动力到制造业部门参与工作的概率。第（2）列结果显示劳动力到服务业部门就业对城市工业机器人使用的回归系数显著为正，表明城市工业机器人使用显著提高了对当地劳动力到服务业部门参与工作的概率。第（3）列结果显示，当地劳动力到任意部门参与工作的概率对城市工业机器人使用的回归系数相对而言很小，且不显著，表明城市工业机器人使用对当地劳动力整体就业参与的影响很小。表 4–3 使用工具变量回归的结果其背后有较强的经济学含义，城市工业机器人的使用增加 1 台（每万人），当地劳动力到制造业部门参与工作的概率下降 4.08%，当地劳动力到服务业部门参与工作的概率上升 4.43%。需要说明的是，实证策略识别的是城市工业机器人使用的相对效应，即工业机器人使用程度较高的城市与工业机器人使用程度较低的城市在劳动力参与就业的概率方面之间的相对性差异，并不意味着在全国范围内工业机器人使用增加会对就业产生整体的正面或负面影响。本章的数据显示所有的样本城市均经历了不同程度的工业机器人应用规模的增加，如果比较城市工业机器人使用程度 10 分位数和 90 分位数上的两个城市，这两个城市在 2012—2016 年工业机器人规模增加分别为 1.47 台和 6.89 台（每千人），意味着劳动力到制造业部门参与就业的概率在工业机器人使用较大的城市比较小的城市在 2012—2016 年间累计下降了约 2.21%，而劳动力到服务业部门参与就业的概率在 2012—2016 年间累计上升了约 2.40%。两者之间互为相反，工业机器人的使用虽在一定程度上替代了制造业部门的劳动力，但劳动力通过部门之间的就业转变做出调整，正如第（3）列所示，劳动力在两个部门之间的就业净效益接近为零，因为劳动力到服务业部门就业的概率上升使得城市工业机器人的使用不会对当地劳动力的整体就业造成负面影响。

表 4–3 劳动力跨部门重新配置的工具变量回归结果

	(1)	(2)	(3)
	制造业部门	服务业部门	所有部门
城市工业机器人使用	-0.0408** (0.0186)	0.0443* (0.0238)	0.00346 (0.0214)
个体特征变量	控制	控制	控制
城市固定效应	控制	控制	控制
年份固定效应	控制	控制	控制
观测值	26,759	26,759	26,759
R^2	0.149	0.159	0.200

注：2SLS 回归时第一阶段的 F 统计量为 110.453，说明工具变量有效。

关于劳动力跨部门重新配置的结论与考察德国、加拿大等国家的结论类似（Dauth 等，2017；Oschinski 和 Wyonch，2017），在许多工业机器人应用规模扩大明显的国家，制造业部门的劳动力在一定程度上会被替代（Acemoglu 和 Restrepo；2020；闫雪凌，2020），但工业机器人的使用会通过劳动力的跨部门重新配置改变就业结构，进而促进其他行业的就业，而不会出现整体就业大规模损失的情况（Dauth 等，2017；Oschinski 和 Wyonch，2017；Bessen，2020）。本章的结果从城市劳动力在不同部门之间参与工作意愿的视角分析了城市工业人使用的地区相对效应，虽然这一过程是个体在受到以机器人使用为代表的制造业技术进步的冲击下自主选择的结果，但从整个社会发展的角度来看，城市工业机器人的使用增加使得一部分劳动力群体福利受益，而另一部分劳动力群体福利受损，那么政府在进一步协同推进工业智能化发展和实施就业优先战略中，应当充分考虑某些特定群体的福利收益。

（二）劳动力跨部门重新配置的讨论

1. 什么样的劳动力在跨部门调整

相比于传统的工业设备，工业机器人具有智能化水平高、生产效率高的特点，并且与其他如人工智能、大数据等成为当前技术进步和产业转型升级的代表，而技术与技能的互补性意味着工业机器人会对不同岗位、不同技能水平的劳动力存在异质性影响（Autor 和 Dorn，2013），进而使得区域劳动力市场内部不同部门的劳动力技能结构做出调整。本章按照劳动力受教育程度的不同将劳动力群体分为5组，分析不同技能水平的劳动力面临当地工业机器人使用增加时在不同部门之间进行就业调整的情况。图4–4结果显示，对于在制造业部门就业的劳动力而言，城市工业机器人使用主要对受教育程度较低（初中及以下学历）的劳动力产生负面影响，并且受教育程度不同的劳动力均出现了向服务业部门转移的情况，而受教育程度较低（初中、高中和中专学历）的劳动力跨部门调整更加明显。理论上来说，由于受教育程度较低的劳动力往往是低技能劳动力，而低技能劳动力由于与工业机器人等智能化水平高的工作岗位的匹配程度较低，更容易受到工业机器人使用的负面冲击。图4–4的结果表明工业机器人的使用主要是替代了制造业部门的低技能水平的劳动力，同时较低技能水平的劳动力进行了跨部门重新配置。

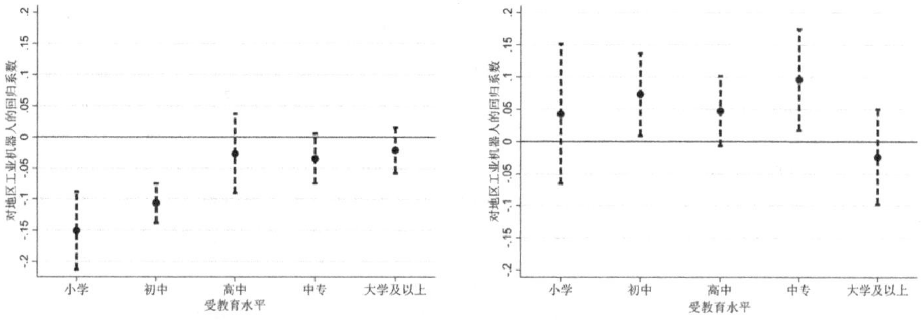

图4–4 制造业和服务业部门不同技能劳动力的重新配置

2. 劳动力的工作时长如何变化

上述部分主要是通过劳动力到不同部门参与工作的概率分析城市工业机器人使用对劳动力就业广延边际的影响，接下来将通过不同部门已经参与工作的劳动力的工作时间分析城市工业机器人使用对劳动力就业集约边际的影响。表4–4报告了所有部门、制造业部门和服务业部门劳动力工作时长对城市工业机器人使用的回归结果，前两列采用OLS估计，后两列采用城市工业机器人使用的工具变量进行2SLS估计，第（3）列是劳动力工作时长对城市工业机器人使用的回归结果，第（4）列加入劳动力个体特征变量以排除该城市人口特征的变化而对回归结果所造成的干扰。结果显示，对所有部门而言，工业机器人使用程度较大的城市，劳动力的工作时间更长。分部门而言，工业机器人使用对制造业部门的劳动力工作时长的影响不显著，且估计系数明显小于所有部门样本的估计系数，工业机器人使用会显著导致服务业部门的劳动力工作时长。这一结果背后可能的原因是工业机器人的使用替代制造业部门劳动力的同时使得制造业生产效率提高，因此并没有导致制造业部门劳动力的工作时长的增加（OLS 回归结果显示显著为负），而根据基准回归结果分析中因为劳动力到服务业部门参与就业增加使得服务业部门劳动力的工作时长增加，即就业的广延边际增加伴随就业的集约边际增加。

表 4-4　城市工业机器人使用与劳动力工作时长的回归结果

	（1） OLS	（2） OLS	（3） 2SLS	（4） 2SLS
A. 所有部门				
城市工业机器人使用	0.0317** （0.0149）	0.0359** （0.0155）	0.0570*** （0.0139）	0.0570*** （0.0161）
个体特征变量	未控制	控制	未控制	控制
观测值	11,690	11,690	11,690	11,690
R-squared	0.053	0.085	0.053	0.084
B. 制造业部门				
城市工业机器人使用	-0.0401*** （0.00995）	-0.0337*** （0.0103）	-0.0125 （0.0181）	-0.00426 （0.0183）
个体特征变量	未控制	控制	未控制	控制
观测值	3,501	3,501	3,501	3,501
R^2	0.099	0.112	0.098	0.112
C. 服务业部门				
城市工业机器人使用	0.103*** （0.0335）	0.102*** （0.0342）	0.131*** （0.0260）	0.118*** （0.0298）
个体特征变量	未控制	控制	未控制	控制
观测值	8,120	8,120	8,120	8,120
R2	0.047	0.084	0.047	0.084

注：所有回归中均加入了城市固定效应和年份固定效应，第（3）列、第（4）列 2SLS 回归时第一阶段的 F 统计量均大于 10，通过弱工具变量的有效性检验。

3. 劳动力年龄、性别的异质性分析

在城市工业机器人使用影响当地不同部门劳动力就业的过程中，劳动力自身的特征也会发挥重要的作用。上述部分考察了城市工业机器人使用对不同技能水平劳动力跨部门重新配置的影响，下面将进一步分析城市工业机器人使用对不同年龄、不同性别的劳动力就业进行异质性影响，以分析哪些劳动力群体更容易受到城市工业机器人使用的冲击。表 4–5 报告了城市工业机器人使用与不同年龄、性别的劳动力重新配置的回归结果。对于第（1）列、第（2）列所有部门而言，工业机器人使用主要抑制了 25—44 岁的男性劳动力参与就业的概率，促进了 15—34 岁女性劳动力的就业时长。对于第（3）列、第（4）列制造业部门而言，工业机器人使用主要抑制了 35—64 岁的男性劳动力就业。对于第（5）列、第（6）列服务业部门而言，男性劳动力相对于女性劳动力的就业参与概率更高，并且年轻群体的男性劳动力和女性劳动力的就业时长均有所提高。由此可见，不同年龄以及不同性别的劳动力面临工业机器人使用的冲击时所做出的跨部门就业调整也是不同的，出现这一结果的原因可能是不同年龄、不同性别的工人跨部门流动的成本不同，进而影响了不同他们受到工业机器人使用的负面冲击向其他部门进行就业转移的能力。

表 4–5　基于不同年龄、性别的劳动力重新配置的回归结果

	（1）	（2）	（3）	（4）	（5）	（6）
	所有部门		制造业部门		服务业部门	
	男	女	男	女	男	女
A. 是否参与工作（就业的广延边际）						
15—24 岁	0.178** （0.0710）	0.0369 （0.120）	0.00877 （0.0650）	0.00102 （0.0262）	0.169* （0.0848）	0.0359 （0.119）
25—34 岁	−0.0604* （0.0346）	0.0465 （0.0475）	0.000578 （0.0488）	0.0656* （0.0336）	−0.0610 （0.0381）	−0.0191 （0.0411）
35—44 岁	−0.0694* （0.0349）	−0.0451 （0.0548）	−0.145** （0.0582）	−0.0371 （0.0279）	0.0756 （0.0770）	−0.00806 （0.0535）
45—54 岁	0.0596 （0.0763）	0.00907 （0.0317）	−0.0982** （0.0370）	−0.0220 （0.0295）	0.158 （0.0985）	0.0311 （0.0276）

续表

	(1)	(2)	(3)	(4)	(5)	(6)
	所有部门		制造业部门		服务业部门	
	男	女	男	女	男	女
55—64 岁	0.00982 (0.0441)	−0.0622 (0.0428)	−0.0951*** (0.0299)	−0.0864* (0.0444)	0.105* (0.0588)	0.0242 (0.0603)
观测值	11,477	15,282	11,477	15,282	11,477	15,282
R^2	0.349	0.299	0.181	0.184	0.230	0.226
B. 工作时长（就业的集约边际）						
15—24 岁	0.128* (0.0679)	0.104* (0.0521)	0.0101 (0.0331)	−0.00311 (0.0545)	0.248 (0.156)	0.182** (0.0668)
25—34 岁	0.144 (0.104)	0.0684*** (0.0190)	0.0443 (0.0881)	0.0103 (0.0260)	0.187* (0.105)	0.104*** (0.0374)
35—44 岁	0.0713 (0.0832)	0.0882 (0.0557)	−0.0321 (0.0737)	−0.0417 (0.0364)	0.167* (0.0839)	0.205** (0.0956)
45—54 岁	0.0162 (0.0564)	0.0554* (0.0325)	−0.192** (0.0790)	0.0288 (0.0641)	0.130* (0.0729)	0.0773 (0.0732)
55—64 岁	0.00593 (0.0873)	0.0597 (0.175)	0.536*** (0.0823)	−0.344 (0.830)	−0.0870 (0.104)	0.145 (0.154)
观测值	6,437	5,305	1,893	1,595	4,498	3,654
R^2	0.051	0.108	0.128	0.141	0.057	0.114

注：所有回归中均加入了城市固定效应和年份固定效应，均采用 2SLS 回归，其第一阶段的 F 统计量均大于 10，通过弱工具变量的有效性检验。

五、基于劳动力工资的拓展分析

上述部分主要从劳动力到不同部门的工作参与、劳动力在不同部门之间的就业调整以及不同部门工作时间等方面考察了城市工业机器人使用对劳动力就业广延边际和就业集约边际的影响。随着劳动力市场中总体就业数量和就业结构的改变，劳动力的收入水平也会出现相应的调整。相关的理论研究指出，人工智能和机器人等自动化技术的应用和推广将会对劳动力工资产生影响，尤其是不同技能水平的劳动力工资增长会受到不同程度的冲击，进而对技能工资溢价产生影响（Hemous 和 Olsen，2013；Lankisch 等，2017）。接下来，将从城市内部不同部门劳动力的工资水平以及不同部门内不同技能劳动力的工资水平等方面考察城市工业机器人使用对工资和技能工资溢价的影响。

（一）劳动力工资增长的回归结果与分析

表 4–6 报告了城市工业机器人使用对劳动力工资的回归结果。与前文类似，对所有结果，依然分三类主体进行分析：所有部门、制造业部门和服务业部门。前两列采用 OLS 回归，第（1）列是当地劳动力工资对城市工业机器人使用的回归结果，第（2）列加入个人层面的特征变量以排除劳动力层面的其他变量对结果造成的干扰。结果显示，对所有部门而言，劳动力工资对城市工业机器人使用的回归系数很小，且统计上不显著，即城市工业机器人使用对当地劳动力工资的影响并不显著。对制造业部门而言，工业机器人使用程度较大的城市，制造业部门的劳动力工资增长更快，城市工业机器人使用前面的估计系数显著为正。对服务业部门而言，城市工业机器人使用前面的估计系数显著为负，工业机器人使用程度较大的城市，制造业部门的劳动力工资增长更慢。第（3）列、第（4）列是采用亚洲其他国家的层面机器人使用构建城市工业机器人使用的工具变量进行 2SLS 回归的结果，结果与 OLS 基本一致。这一结果有怎样的经济学含义呢？表 4–6 第（3）列的制造业部门的回归结果显示，城市每万人劳动力中工业机器人的使用增加 1 台，会使得当地制造业部门的劳动力工资增长在 2012—2016 年上升 0.16%，若比较城市工业机器人使用程度分布 10 分位数与 90 分位数的两个城市，这意味着受工业机器人使用程度较大的城市的制造业部门劳动力工资增长比程度较小的城市在 2012—2016 年累计上升了 0.09%。表 4–6 第（4）列的服务业部门的回归结果显示，城市每万人劳动力中工业机器人的使用增加 1 台，会使得当地服务业部门的劳动力工资增长在 2012—2016 年下降约 0.10%，同理，若比较城市工业机器人使用程度分布 10 分位数与 90 分位数的两个城市，受工业机器人使用程度较大的城市的服务业部门劳动力工资增长比程度较小的城市在 2012—2016 年累计下降了约 0.05%。这表

明工业机器人使用对不同城市劳动力的工资增长的相对效应较小。

表 4-6 城市工业机器人使用与劳动力工资的回归结果

	(1) OLS	(2) OLS	(3) 2SLS	(4) 2SLS
A. 所有部门				
城市工业机器人使用	0.00642 (0.0301)	−0.00108 (0.0244)	−0.00675 (0.0448)	0.00293 (0.0305)
个体特征变量	未控制	控制	未控制	控制
观测值	9,627	9,627	9,627	9,627
R^2	0.145	0.241	0.145	0.241
B. 制造业部门				
城市工业机器人使用	0.158*** (0.0211)	0.145*** (0.0258)	0.174*** (0.0268)	0.164*** (0.0294)
个体特征变量	未控制	控制	未控制	控制
观测值	3,169	3,169	3,169	3,169
R^2	0.185	0.270	0.185	0.270
C. 服务业部门				
城市工业机器人使用	−0.0980* (0.0487)	−0.0993** (0.0424)	−0.142** (0.0658)	−0.0974** (0.0472)
个体特征变量	未控制	控制	未控制	控制
观测值	6,395	6,395	6,395	6,395
R^2	0.143	0.234	0.143	0.234

注：所有回归中均加入了城市固定效应和年份固定效应，第（3）列、第（4）列 2SLS 回归时第一阶段的 F 统计量均大于 10，通过弱工具变量的有效性检验。

综合各部门的结果来看，城市工业机器人使用对制造业部门劳动力工资增长有显著的促进作用，对服务业部门劳动力的工资增长有显著的抑制作用，对所有部门劳动力工资增长影响较小。造成这一结果其背后可能的原因是：一方面，工业机器人作为一种新技术有助于提高企业生产率，企业生产率的提高进一步提高了劳动力报酬，此外，当行业内低技能水平的劳动力被替代后，剩余劳动力的实际工资水平将会得到一定程度的提高。闫雪凌等（2020）基于 2006—2017 年制造业行业层面的数据样本研究发现工业机器人对制造业工资水平的影响效应不明显，并指出行业层面数据结构的缺陷可能是造成工业机器人工资效应不显著的原因之一。不同于他们采用制造业行业平均工资样本的研究维度，本章基于微观个体层面的工资数据，得到了与 Dauth 等（2017）、Graetz 和 Michaels（2018）类似的证据。另一方面，城市内部制造业部门和服务业部门之间存在劳动力的替代关系，当面临工业机器人使用的外部冲击时，制造业部门的较低技能水平的劳动力被替代，转向到服务业部门参与就业，当服务业部门进入较低技能劳动力时，会在一定程度上拉低服务业部门劳动力的整体工资水平。

（二）劳动力技能工资溢价的回归结果与分析

上一部分的分析是假设所有劳动力同质，然而，正如第四部分关于城市工业机器人使用对劳动力跨部门重新配置的影响所示，工业机器人使用会对不同技能水平的劳动力就业产生差异化影响，低技能水平的劳动力更容易被替代。按照这一逻辑，工业机器人使用可能会对不同技能水平的劳动力工资增长产生不同影响，从而进一步影响该城市的技能工资溢价。因此，本章将进一步从以下两个方面分析城市工业机器人使用对劳动力技能工资溢价的影响。

1. 不同学历水平的劳动力工资增长

工业机器人作为一种新技术，其应用要求更高技术的劳动力与之相匹配，而技术与技能的互补性意味着高技术劳动力可能要求更高的工资。与前文类似，按照劳动力受教育程度的不同将劳动力群体分为 5 组，分析制造业和服务业部门不同技能水平的劳动力面临当地工业机器人使用增加时的工资变化情况。图 4-5 结果显示对于在制造业部门就业的劳动力而言，城市工业机器人使用主要对受教育程度较高（高中及以上学历）的劳动力工资产生显著的促进作用，对受教育程度较低的劳动力工资影响不显著，理论上来说，由于受教育程度较高的劳动力往往是高技能劳动力，而高技能劳动力由于与工业机器人等智能化水平高的工作岗位的匹配程度较高，其工资水平更容易受到工业机器人使用的正向促进效应，而低技能劳动力则无影响，这意味着制造业部门出现劳动力技能工资溢价。对于在服务业部门就业的劳动力而言，城市工业机器人使用对各个受教育程度的劳动力工资产生负面影响，但统计上不显著。

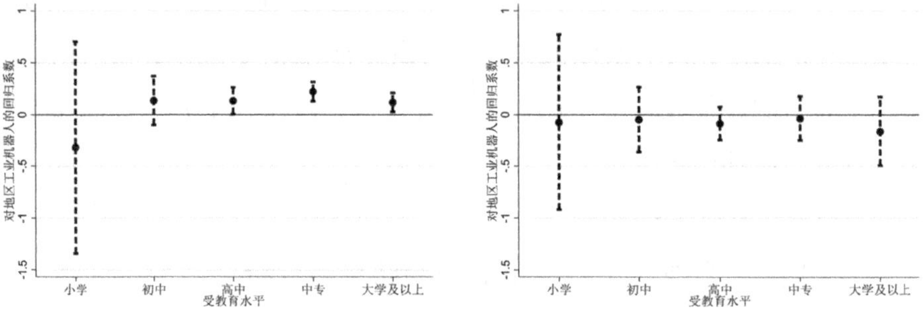

图 4-5　制造业和服务业部门不同技能劳动力的工资增长

2. 不同技能劳动力面临的工业机器人使用强度

上述部分论证了城市工业机器人使用对制造业和服务业部门不同技能水平劳动力工资增长的影响，但是城市工业机器人使用的指标构建并没有区分当地的高低技能劳动力，无法反映出不同行业的工业机器人通过不同技能劳动力需求对其相对应的技能水平劳动力产生的直观效应。因此，为了进一步识别工业机器人通过不同行业的技能需求渠道影响劳动力工资增长，本章将根据城市在样本窗口期之前年份不同行业的技能强度，重新构建城市层面反映不同技能水平的工业机器人使用指标，考察其通过不同技能需求对不同技能劳动力工资增长的直观影响[①]。采用不同行业的技能强度所构建的城市工业机器人使用指标能够反映出工业机器人对不同技能劳动力的需求，而后者往往决定了技能溢价水平。如下式所示[②]：

① Dix-Carneiro 和 Kovak（2015）、Li（2018）等研究地区贸易冲击的效应时采用了类似的指标构建思路以考察贸易对地区技能溢价或人力资本的影响，为本章的研究提供了有益借鉴。

② 由于 2008 年经济普查数据未区分不同技能水平的劳动力，因此，本文采用 2004 年经济普查数据中不同行业不同技能水平的劳动力强度构建不同技能劳动力所面临的城市工业机器人使用强度。此外，为了使其外生化，行业机器人数据来自亚洲其他国家的行业数据。

$$Robots_{c,t}^{H} = \sum_{j} \kappa_{j,c,2004}^{H} \beta_{j,c,2004} \frac{Robots_{j,t}^{A}}{Labor_{c,2010}}$$

$$Robots_{c,t}^{L} = \sum_{j} \kappa_{j,c,2004}^{L} \beta_{j,c,2004} \frac{Robots_{j,t}^{A}}{Labor_{c,2010}} \tag{4-3}$$

其中，$\kappa_{j,c,2004}^{H}$ 和 $\kappa_{j,c,2004}^{L}$ 分别表示城市－行业层面的高低技能强度，$\beta_{j,c,2004}$ 与式（4–1）一致，表示城市的产业就业结构，$Robots_{j,t}^{A}$ 表示亚洲其他国家同行业的工业机器人数量，通过式（4–3）构建，$Robots_{c,t}^{H}$ 和 $Robots_{c,t}^{L}$ 分别表示高技能劳动力和低技能劳动力所面临的城市工业机器人使用程度，它们分别通过使用样本窗口期之前年份的特定行业中的要素技能强度、城市的产业就业结构以及适龄劳动力数量将行业－年份层面的机器人使用构建到城市层面。由于每个城市的产业比较优势和每个行业的技能强度存在差异，因此由行业机器人所导致的技能需求在不同的城市也会有所差异。

表 4–7 报告了高低技能工人面临的城市工业机器人使用对高低技能劳动力工资的回归结果。与前文类似，依然对所有部门、制造业部门和服务业部门三类主体进行分析。前两列是低技能劳动力工资对低技能工人面临的城市工业机器人使用的回归结果，后两列是高技能劳动力工资对高技能工人面临的城市工业机器人使用的回归结果。结果显示，对于所有部门而言，不同技能劳动力的工资增长对不同技能劳动力所面临的城市工业机器人使用的回归系数均不显著。对于制造业部门而言，低技能劳动力所面临的城市工业机器人使用对低技能劳动力的工资有正向促进作用，并且高技能劳动力所面临的城市工业机器人使用对高技能劳动力的工资也存在正向促进作用，但后者的回归系数要明显大于前者，并且显著性更强。以第（2）列和第（4）列结果为例，低技能劳动力面临的工业机器人使用每增加 1 台（每万人），低技能劳动力工资增长约 0.07%，高技能劳动力面临的工业机器人使用每增加 1 台（每万人），高技能劳动力工资增长约 0.1%，后者的增长效应比前者高约 48%。对于服

务业部门而言，低技能劳动力工资对低技能劳动力所面临的城市工业机器人使用的回归系数为正，高技能劳动力工资对高技能劳动力所面临的城市工业机器人使用的回归系数为负，但统计上均不显著。

表 4–7　高低技能工人面临的城市工业机器人使用与工资的回归结果

	（1） 低技能工人	（2） 低技能工人	（3） 高技能工人	（4） 高技能工人
A. 所有部门				
城市工业机器人（低技能工人）	0.0191 （0.0221）	0.0263 （0.0212）		
城市工业机器人（高技能工人）			0.0344 （0.0370）	0.0116 （0.0322）
个体特征变量	未控制	控制	未控制	控制
观测值	2,465	2,465	4,584	4,584
R^2	0.133	0.199	0.139	0.192
B. 制造业部门				
城市工业机器人（低技能工人）	0.0402 （0.0324）	0.0689* （0.0341）		
城市工业机器人（高技能工人）			0.118*** （0.0363）	0.102*** （0.0282）
个体特征变量	未控制	控制	未控制	控制
观测值	1,115	1,115	935	935
R^2	0.197	0.286	0.197	0.250
C. 服务业部门				
城市工业机器人（低技能工人）	0.00785 （0.0368）	0.0224 （0.0376）		
城市工业机器人（高技能工人）			−0.0201 （0.0366）	−0.0484 （0.0334）
个体特征变量	未控制	控制	未控制	控制
观测值	1,315	1,315	3,616	3,616
R^2	0.158	0.199	0.143	0.194

注：所有回归中均加入了城市固定效应和年份固定效应。

总体而言，本章区别不同技能劳动力所面临的城市工业机器人使用程度，分析了城市工业机器人使用通过对不同技能的需求对劳动力工资产生的影响，得到了与上一部分不同学历水平的劳动力工资增长相一致的结果，即城市工业机器人使用能够促进制造业部门的技能工资溢价，对服务业部门的技能工资溢价影响不显著。

六、结论与政策启示

2006 年中国政府首次将智能机器人列为先进制造技术领域后，机器人在工业生产中的应用得到了快速发展。本章采用中国制造业行业工业机器人数据、2008 年经济普查数据以及 2010 年人口普查数据构建城市工业机器人使用指标，衡量工业机器人在中国不同城市的增长情况，基于 2012、2014 和 2016 年中国劳动力动态调查数据，以劳动力的就业和工资为研究对象，从区域劳动力市场的视角分析了城市工业机器人使用对当地不同部门劳动力就业和工资的影响。研究结果表明：（1）工业机器人使用不会对当地劳动力的整体就业造成负面影响，但会在一定程度上替代了制造业部门的劳动力，劳动力通过向服务业部门就业做出调整。城市工业机器人的使用台数每增加 1 台（每万人），当地劳动力到制造业部门参与工作的概率下降 4.08%，当地劳动力到服务业部门参与工作的概率上升 4.43%。（2）工业机器人使用所导致的劳动力跨部门重新配置主要为低技能水平的劳动力群体，并且城市工业机器人使用显著提高了当地劳动力的工作时长，主要源于服务业部门工作时长的增加。（3）工业机器人使用对当地劳动力的整体工资增长影响较小，但会显著促进制造业部门劳动力的工资和技能溢价增长，抑制服务业部门劳动力的工资增长，但对服务业部门的技能溢价无影响。

工业机器人的使用会使得劳动力在不同部门之间重新配置以及带来工资在不同劳动力群体间的再分配，了解和厘清哪些群体在工业机器人使用过程中受到的冲击更大，这有助于政府制定相应的就业政策和收入再分配政策以减少工业机器人使用带来的调整成本。针对上述结论，提出以下政策建议：（1）合理把握和推进机器人在工业生产中的应用，确保高技能劳动力的有效供给。工业机器人作为智能化技术的代表，与高技能劳动力形成优势互补，政府应加大人力资本投资，提升劳动力技能禀赋，推动劳动力技能结构与工业机器人等智能化技术相匹配，助力中国经济结构转型和产业升级。（2）重视特定受工业机器人使用冲击的劳动力群体的就业和收入再分配。当前中国政府出台各种政策支持工业机器人产业发展以促进经济结构转型和产业升级，本章研究发现，工业机器人使用程度较大城市的制造业部门劳动力、低技能劳动力群体在这一过程中所受到的冲击较大。因此，在支持和推进工业机器人使用的过程中，应充分考虑这些群体的利益，通过适当的就业政策和收入再分配政策对其进行补偿。

本章参考文献

程虹，袁璐雯，2020. 机器人使用、工艺创新与质量改进——来自中国企业综合调查（CEGS）的经验证据 [J]. 南方经济（01）：46–59.

程虹，陈文津，李唐，2018. 机器人在中国：现状、未来与影响——来自中国企业 – 劳动力匹配调查（CEES）的经验证据 [J]. 宏观质量研究（03）：1–21.

程虹，王泽宇，陈佳，2020. 机器人与工资：基于劳动力质量中介效应的解释——来自中国企业综合调查（CEGS）的经验证据 [J]. 宏观质量研究（03）：1–13.

韩民春，冯乐兰，2020. 工业机器人应用对我国劳动力就业影响的研究 [J]. 工业技术经济（06）：117–122.

韩民春，乔刚，2020. 工业机器人对制造业劳动力就业的结构性影响与地区差异 [J]. 产经评论（03）：49–63.

闫雪凌，朱博楷，马超，2020. 工业机器人使用与制造业就业：来自中国的证据 [J]. 统计研究（01）：74–87.

Acemoglu D，Autor D，Dorn H，et al.，2014，Return of the Solow Paradox？ IT，Productivity，and Employment in U.S. Manufacturing[J]，

American Economic Review，104：394-399.

Acemoglu D，Restrepo P，2020，Robots and Jobs：Evidence from US Labor Markets[J]，Journal of Political Economy，128（6）：2188-2244.

Agrawal A，Gans J S，Goldfarb A，2019，Artificial Intelligence：The Ambiguous Labor Market Impact of Automating Prediction[J]，Journal of Economic Perspectives，33（2）：31-50.

Autor D H，Dorn D，2013，The Growth of Low-Skill Service Jobs and the Polarization of the US Labor Market[J]，American Economic Review，103（5）：1553-1597.

Autor D H，Katz L F，Krueger A B，1998，Computing Inequality：Have Computers Changed the Labor Market？[J]，Quarterly Journal of Economics，113：1169-1213.

Bartel A，Ichniowski C，Shaw K，2007，How Does Information Technology Affect Productivity？Plant-Level Comparisons of Product Innovation，Process Improvement，and Worker Skills[J]，Quarterly Journal of Economics，122：1721-1758.

Brynjolfsson E，Hitt L M，2000，Beyond Computation：Information Technology，Organizational Transformation and Business Performance[J]，Journal of Economic Perspectives，14：23-48.

Cheng H，Jia R X，Li D D，et al.，2019，The Rise of Robots in China[J]，Journal of Economic Perspectives，33（2）：71-88.

Dauth W，Findeisen S，Suedekum J，et al.，2017，German Robots-The Impact of Industrial Robots on Workers[R]，CEPR Discussion Paper.

Dix-Carneiro R，Kovak B K，2015，Trade Liberalization and the Skill Premium：A Local Labor Markets Approach[J]，American Economic Review Papers and Proceedings，105（5）：551-557.

Doms M，Dunne T，Troske K R，1997，Workers，Wages，and

Technology Author[J]，Quarterly Journal of Economics，112（1）：253–290.

Graetz G，Michaels G，2018，Robots at Work[J]，Review of Economics and Statistics，100（5）：753–768.

Hemous D，Olsen M，2013，The Rise of the Machines：Automation，Horizontal Innovation and Income Inequality[R]，CEPR Discussion Paper.

Lankisch C，Prettner K，Prskawetz A，2017，Robots and the Skill Premium：An Automation-based Explanation of Wage Inequality[R]，Working Paper.

Li B J，2018，Export Expansion，Skill Acquisition and Industry Specialization：Evidence from China[J]，Journal of International Economics，114（09）：346–361.

Stiroh K J，2002，Information Technology and the U.S. Productivity Revival：What Do the Industry Data Say？[J]，American Economic Review，92（5）：1559–1576.

第五章　工业机器人使用、教育投资与高质量就业集聚溢出

工业智能化和人力资本是推进中国新时代经济高质量发展的重要途径。本章在包含劳动力技能需求和区域经济特性的理论框架下阐释了机器人智能技术应用的人力资本促进效应及其影响机制，并根据行业机器人信息和各城市产业结构构建城市层面的工业机器人使用指标以衡量当地工业智能化程度，基于1990—2015年五次全国人口普查（抽样调查）微观数据进行实证分析。研究发现：工业机器人智能技术应用显著提升了当地16—18岁高中适龄群体和19—22岁大学适龄群体实际入学率，人力资本促进效应显现，青少年接受教育投资的地区不平等也在一定程度上得到缓解。影响机制检验表明，机器人智能技术应用通过劳动力就业替代和工资技能溢价提高了教育预期收益和降低了教育机会成本，进而促进了人力资本积累。此外，机器人智能技术应用显著改善了当地劳动力就业技能结构，并且制造业部门内部行业之间因工业机器人使用而存在较强的人力资本集聚溢出效应。本章研究结论为全面客观认识我国工业智能化技术应用的福利收益提供了重要理论依据和经验支持。

本章结构安排如下：第一部分是引言与文献综述；第二部分是理论模型与研究假说；第三部分是模型设定、变量选取与数据说明；第四部分是实证结果与分析；第五部分是作用机制检验；第六部分是基于高质

量就业集聚溢出的拓展分析；最后是结论与政策启示。

一、引言与文献综述

工业智能化与人工智能被视为当前实现经济社会高质量发展的新动力源泉，工业机器人作为智能化生产的一项重要技术应用在一国的经济结构转型和产业升级过程中发挥着举足轻重的作用（Furman 和 Seamans，2018），如：促进全要素生产率提升（Autor 和 Salomons，2018）；提高工业附加值助推价值链攀升（Ghodsi 等，2019）；推动工艺创新和提升企业质量（程虹和袁璐雯，2020）等[①]。与此同时，工业机器人本身的使用规模在全球范围内也快速增长，中国、美国、德国以及亚洲其他国家的工业机器人使用规模在过去 20 余年快速增长[②]，其中，中国工业机器人的使用规模变化呈现两个鲜明特征：一是中国工业机器人使用规模增长幅度巨大，年均增长量于 2012 年首次超越美国和德国之后一直居于世界首位；二是中国与亚洲其他国家的工业机器人使用规模在 2008 年全球金融危机之后呈现出极其相似的增长趋势。工业机器人为企业生产经营活动带来技术革新的同时，其劳动力替代效应以及因技能需求而产生的工资技能溢价成为当前经济学界广泛关注的热点话题（Agrawal 等，2019；Cheng 等，2019；Acemoglu 和 Restrepo，2020），“机器换人”以及“机器

---

① 根据国际机器人联盟数据库定义，工业机器人是指“可自动控制、可重复编程以及具有多用途功能的机器设备”，具有生产效率高和智能化水平高的特点。因此，本章重点关注工业机器人为代表的工业智能化技术应用。后文中提到的“工业机器人使用”“机器人智能技术应用”均表示工业机器人所衡量工业智能化发展程度。也有文献根据工业和信息化部《信息化和工业化融合发展规划（2016—2020 年）》基本原则，从智能制造企业情况、工业软件普及应用与工业企业的创新和效益情况等方面衡量工业智能化程度对其经济效应进行了研究（孙早和侯玉琳，2019；刘欢，2020）。

② 根据国际机器人联盟数据库的记录，中国工业机器人的使用规模从 1999 年的 550 台快速增长到 2018 年的 649447 台，20 年期间工业机器人使用规模平均每年增加 3 万余台，其中 2017—2018 年的增加量最高，达到 15.6 余万台，中国工业机器人的使用规模自 2016 年以来连续多年位居世界首位。

如何换人”也逐渐成为困扰公众全面认识智能化技术应用福利效应的重要阻碍。然而，事实仅限于此吗？工人因机器人而进行就业调整和工资技能溢价真的只会阻碍公众福利改善了吗？如何全面客观地评估工业智能化技术应用的福利效应？

本章尝试从机器人智能技术应用促进人力资本积累的视角在理论和实证两个层面对上述问题做出合理的揭示和解释。具体而言，首先，在 Acemoglu 和 Restrepo（2018；2020）研究的基础上构建机器人智能技术应用影响工资技能溢价的理论模型，并进一步与内生的个人教育决策模型有效结合，在包含劳动力技能需求和区域经济特性的理论框架中阐释机器人智能技术应用对人力资本积累的影响及其机制：机器人智能技术应用提高教育预期收益和降低教育机会成本进而促进了人力资本积累。其次，使用 1990、2000、2005、2010 和 2015 年五次全国人口普查（抽样调查）微观个体数据和国际机器人联盟数据库数据构建中国城市层面的工业机器人使用、“Bartik”工具变量以及城市青少年教育投资和劳动力技能结构改善指标对上述理论结论和理论机制进行实证检验。实证结论表明，工业机器人使用显著促进了当地人力资本积累，采用工具变量法进行 2SLS 估计、事前共同趋势和安慰剂检验等均得到了稳健的结果，青少年接受教育投资的地区不平等也在一定程度上得到了缓解。

机器人智能技术应用对低技能工人的就业替代效应促使劳动力进行重新配置，劳动力跨地区和跨部门流动成本的存在使得劳动力尤其是低技能水平的劳动力无法完全通过就业调整进行应对缓冲，低技能工人失业或工资增长放缓的现象降低了人们接受教育投资的机会成本，而工作岗位中的工人因机器人使用而出现工资技能溢价，技能溢价的扩大进一步提高了人们接受教育投资的预期收益。另一方面，工业机器人作为一种智能化、技能偏向的技术应用对企业创新、产品质量、技能需求等经济活动产生重要影响，“技术载体”功能与“技能集聚”效应相辅相成，促使劳动力就业技能结构得以改善，制造业部门内部行业之间因工业机器使用而存在较强的人力资本集聚溢出效应。

许多文献从理论和实证层面对机器人智能技术应用的经济社会效应进行了详细研究。Acemoglu 和 Restrepo（2018）在一个固定资本且假设技术外生的理论模型中讨论了自动化技术对劳动力就业和工资的抑制效应，而生产中新任务的创建却产生了相反的效果。之后，他们进一步证明了工业机器人对不同地区就业和工资的分配效应，并且地区层面的相对效应依赖于机器人技术的发展和当地的产业结构（Acemoglu 和 Restrepo，2020）。Hemous 和 Olsen（2013）以及 Lankisch 等（2017）在一个包含创新和技术进步的经济增长模型中讨论了机器人等自动化技术的劳动力替代效应。有些学者认为工业机器人存在显著的劳动力就业替代效应（Acemoglu 和 Restrepo，2020），而另一些学者的实证研究表明工业机器人仅仅减少了低技能工人的就业岗位，对当地劳动力的整体就业并未造成负面冲击（Dauth 等，2017；Graetz 和 Michaels，2018），背后可能的原因正如 Dauth 等（2017）研究所言，当地服务业部门的就业增加可以弥补制造业部门的就业损失，工业机器人促使劳动力在当地不同部门之间进行就业调整。虽然工业机器人影响劳动力整体就业的结论还存在分歧，但大多数研究认为工业机器人不可避免地挤出了低技能水平的劳动力，对高技能劳动力的需求导致了工资技能溢价（Krenz 等，2018；）。此外，许多文献从劳动力职业的常规任务强度（Routine Manual Task-Intensive）的视角研究了工业机器人对劳动力非常规能力溢价以及就业重新配置的影响（余玲铮等，2021；Vries 等，2020）；从服务离岸外包的视角研究了工业机器人对邻国劳动力就业的替代效应（Faber，2018）。

针对中国工业机器人经济效应的研究，大多数文献从行业层面、省份层面和微观企业层面进行了讨论和实证分析。例如，闫雪凌等（2020）从行业层面研究发现机器人的使用减少了制造业就业岗位，但并未对工人工资造成显著影响；韩民春和冯乐兰（2020）从省级层面得到了与闫雪凌等（2020）类似的结论。虽然制造业部门存在“机器换人”的现象，但工业机器人使用导致劳动力在不同行业和地区转移，进而对下游行业或就业替代较高行业存在就业溢出效应（孔高文等，2020），并且工业机器人通过增进产业间有效关联以及新业态、新模式的职位促进了服务业的结构升级（王文等，2020）。另一些文献则从微观企业层面讨论了机器人对企业生产率、管理效率以及工艺创新的影响（程虹等，2018；程虹等，2020）。上述文献的研究思路和结论给了本章有益启示，但依然存在进一步研究的空间：一是大多数文献研究重点关注了工业机器人与劳动力市场就业和工资的关系，少部分文献关注了机器人与企业经营活动的关系，但囿于缺乏合适的数据，对工业机器人智能技术应用的福利效应分析也仅限于此，这为本章的研究提供了基础和拓展空间。二是针对中国工业机器人经济效应的研究，很少有文献深入到了城市以及城市－行业维度进行研究，中国城市之间收入差异巨大、产业结构也存在明显的地域性特征，这意味着工业机器人智能技术应用在城市以及城市－行业这一维度的效应在中国也不容忽视。

关于中国人力资本积累的影响因素，诸多文献也从不同视角进行了详细研究，例如家庭双胞胎出生和婚姻市场变化对子女教育投资的影响（Li 等，2012；Han 和 Shi，2019），企业税收激励政策对人力资本结构的影响（刘啟仁和赵灿，2020），历史文化和制度的演变对中国人力资本长期发展的影响（冯晨等，2019；夏怡然和陆铭，2019）。此外，技能偏向的技术进步、贸易开放等宏观经济冲击通过劳动力市场变化进而对人力资本积累产生影响（李坤望等，2014；张川川，2015；张军等，2018；赵春明等，2020；Li 等，2019）。其中，张川川（2015）研究发现中国加入 WTO 出口扩张使得当地低技能就业岗位增加，进而对青少年教育投资造成了抑制效应；Li 等（2019）进一步研究发现出口扩张对人力资本积累的抑制效应在长期视角下依然存在；张军等（2018）从劳动力技能结构改善的视角分析了劳动力市场分割的技能偏向对家庭子女教育投资的促进效应。与他们不同的是，本章一方面将劳动力技能结构改善视为人力资本积累的重要体现，从而对人力资本积累的考察相对更加全面，另一方面从工业机器人衡量的智能化技术应用的视角进行分析，拓展了技能偏向的定义边界。

本章的边际贡献主要体现在以下几点：（1）在 Acemoglu 和 Restrepo（2018；2020）研究的基础上将劳动力技能差异纳入理论分析框架，重新构建了机器人智能技术应用的技能工资分配模型，并与内生的个人教育决策模型进行有效结合，在包含劳动力技能需求和区域经济特性的理论框架下阐释了机器人智能技术应用的人力资本促进效应及其影响机制。（2）使用工业机器人数据和 1990—2015 年全国人口普查（抽样调查）微观个体数据对理论命题和理论机制进行实证检验，在城市维度详细探讨了机器人智能技术应用对人力资本积累的促进效应，并基于劳动力市场就业结构调整和工资技能溢价构成的教育机会成本和教育预期收益两个渠道进行机制检验，为全面客观认识智能化技术应用的福利效应提供了新的视角。（3）进一步在城市－行业维度将集聚溢出纳入机器人智能技术应用改善制造业部门劳动力就业技能结构的实证分析框架，验证了工业智能化发展下人力资本集聚溢出效应的存在，研究结论为理解当前中国将“智能 +”为制造业转型升级赋能以及推进人才强国战略提供了理论和经验支持。

二、理论模型与研究假说

本章在 Acemoglu 和 Restrepo（2018；2020）研究的基础上将劳动力的异质性技能引入模型进行理论拓展，试图构建一个包含区域经济特征的机器人智能技术应用的技能工资分配模型[①]，并进一步与内生的个人教育决策模型有效结合，剖析工业机器人技术应用对当地教育投资或技能需求的影响及其理论机制。最后，基于理论模型结论提出研究假说，并以此进行计量模型设定。

1. 内生的个人教育决策

假设存在 C 个地区 $c \in \{1, \cdots, C\}$ 和 I 个部门 $i \in \{1, \cdots, I\}$，每个部门的生产要素为高技能工人和低技能工人，地区 c 的高低技能工人供给分别由 H_c 和 L_c 表示。假设劳动力无法在地区之间迁移但可以在当地不同行业之间进行流动，且无弹性供给。参照 Findlay 和 Kierzkowski（1983）的研究思路，假设每一位工人的生命周期是 T，个人出生时，每个人拥有“个人生产率”禀赋（Individual Productivities），表示为 $\{z_h, z_l\}$。每个人会决定是否立即以 z_l 效率单位的低技能工人身份进入劳动力市场，或者是花费一段时间 θ 接受教育，成为具备 z_h 效率单位的高技能工人。

现在考虑个人是否接受教育投资的决策问题。如果个人未考虑教育投资，而是选择在当期以 z_l 效率单位的低技能工人身份进入劳动力市场，那么其生命周期收入为：

$$\int_0^T w_{c,l} z_l \mathrm{e}^{-rt} \mathrm{d}t = \frac{1}{r} w_{c,l} z_l \left(1 - \mathrm{e}^{-rT}\right) \tag{5-1}$$

如果个人考虑教育投资，愿意花费一段时间 θ 接受教育，选择以 z_h 效率单位的高技能工人身份进入劳动力市场，那么其生命周期收入：

$$\int_\theta^T w_{c,h} z_h \mathrm{e}^{-rt} \mathrm{d}t = \frac{1}{r} w_{c,h} z_h \left(\mathrm{e}^{-r\theta} - \mathrm{e}^{-rT}\right) \tag{5-2}$$

① 虽然 Acemoglu 和 Restrepo（2020）在实证部分分析了工业机器使用对技能溢价的影响，但遗憾的是，其理论模型假设劳动力同质，即工业机器人对所有劳动力均存在同等替代效应，而诸多实证研究表明工业机器人对不同技能工人存在差异化替代效应，对低技能工人的替代效应更甚，这为本章理论模型反映工业机器人的技能工资分配效应提供了基础。此外，本章理论模型与 Acemoglu 和 Restrepo（2020）的生产函数还存在诸多细节差异，如忽略资本生产要素等。

其中，$w_{c,h}$ 和 $w_{c,l}$ 分别表示高技能工人和低技能工人每单位效率的工资，r 是完美资本市场的市场利率，表示贴现因子。根据 Li（2018）的研究思路，假设 z_h 和 z_l 随机服从多元 Fr é chet 分布：

$$F\left(z_h,z_l\right)=exp\left[-\left(z_h^{-\frac{\kappa}{1-\nu}}+z_l^{-\frac{\kappa}{1-\nu}}\right)^{1-\nu}\right] \tag{5-3}$$

其中，参数 $\kappa>1$，决定效率单位的离散度，κ 越大，则离散度越小。$\nu\in[0,\ 1]$ 表示 z_h 和 z_l 之间的相关关系，$\nu=0$ 表示 z_h 和 z_l 相互独立。

在均衡时，人们对是否接受教育投资无差异[①]，此时，地区 c 的教育入学率取决于高低技能工人生命周期收入的大小比较：

$$\pi_{c,h}=\Pr\left\{z_h w_{c,h}\left(\mathrm{e}^{-r\theta}-\mathrm{e}^{-rT}\right)\geqslant z_l w_{c,l}\left(1-\mathrm{e}^{-rT}\right)\right\}=\frac{1}{\mu_c^{-\frac{\kappa}{1-\nu}}+1} \tag{5-4}$$

其中，$\mu_c=\dfrac{\mathrm{e}^{-r\theta}-\mathrm{e}^{-rT}}{1-\mathrm{e}^{-rT}}\dfrac{w_{c,h}}{w_{c,l}}$表示当地的教育回报率，取决于当地的技能溢价 $\dfrac{w_{c,h}}{w_{c,l}}$。进一步对式（5-4）进行化简得到[②]：

$$\mathrm{dln}\pi_{c,h}=\frac{\kappa}{1-\nu}\left(1-\pi_{c,h}\right)\left(\mathrm{dln}w_{c,h}-\mathrm{dln}w_{c,l}\right) \tag{5-5}$$

由式（5-5）可以看出，地区 c 的教育入学率取决于当地教育的预期收益，即技能溢价（$\mathrm{dln}w_{c,h}-\mathrm{dln}w_{c,l}$）和教育的机会成本，即低技能收入 $\mathrm{dln}w_{c,l}$。

2. 机器人智能技术应用影响工资技能溢价

与 Dauth 等（2017）、Graetz 和 Michaels（2018）等文献关于机器人替代低技能工人的实证结论相一致，本章在理论模型中假定随着工业智能化技术的发展，经济生产活动可使用机器人来替代低技能劳动力。

---

① 此处非技能工人的生命周期收入相当于教育投资的机会成本，为简便运算，本文理论模型部分仅以非技能收入衡量教育机会成本，实证部分还从技能工人与非技能工人的就业结构调整对教育机会成本进行检验。并且本章不考虑教育投资的直接成本，如学费等。

② 本章与 Findlay 和 Kierzkowski（1983）的研究思路一致，假设每一时期出生的人与死去的人数量相同，那么任一时期的总人数固定不变，从而在模型中可省略下标时间 t。

每个地区 c 的代表性消费者每一期的效用函数如下式所示：

$$Y_c=\left(\sum_{i\in I}\alpha_i Y_{ci}^{\frac{\sigma-1}{\sigma}}\right)^{\frac{\sigma}{\sigma-1}}\qquad \sigma>1 \tag{5-6}$$

其中，σ 表示不同行业产品之间的替代弹性，α_i 表示行业 i 在总消费中的份额，$\Sigma_{i\in I}\alpha_i=1$。$Y_c$ 为各个行业产出加总的最终消费品（或总收入），假设其作为计价物，则产品价格标准化为 1。地区 c 行业 i 的价格为 P_{Xci}。

与 Acemoglu 和 Restrepo（2018；2020）等文献保持一致，本章假定产品生产时由一系列连续的任务模块（Tasks）组成 s，任务总量标准化为 [0，1] 的连续统，在生产过程中，区间 [0，M_1] 的任务可由机器人智能技术替代工人完成。生产函数如下：

$$X_{ci}=A_{ci}\left[\min_{s\in[0,1]}x_{ci}(s)\right]^{\beta}\left[h_{ci}\right]^{1-\beta} \tag{5-7}$$

其中，地区 c 行业 i 任务 s 的生产函数为：

$$x_{ci}(s)=\begin{cases}\gamma l_{ci}(s)+r_{ci}(s) & 若\quad s\leqslant M_i\\ \gamma l_{ci}(s) & 若\quad s>M_i\end{cases} \tag{5-8}$$

式（5-7）中，A_{ci} 表示行业 i 的生产率，A_{ci} 的差异意味着不同地区的产业就业结构，X_{ci}（s）为 X_{ci} 的生产过程中完成任务 s 的数量。h_{ci}（s）表示地区 c 行业 i 任务 c 生产过程中使用的高技能工人数量，（$1-\beta$）表示 X_{ci} 的生产过程中使用高技能工人投入的份额。式（5-8）中，l_{ci}（s）表示低技能工人数量，r_{ci}（s）表示同一任务生产过程中机器人智能技术的应用数量。假设机器人的生产率标准化为 1，劳动生产率为 $\gamma>0$。当任务数量大于 M_i 时，任务 s 无法被机器人智能技术完成，此时生产过程中仅使用工人来完成任务，而不再使用机器人。

机器人存在供给弹性，其数量随价格上升而增加，即

$$Q_c=\delta\left(\frac{R_c}{Y_c}\right)^{\eta}\qquad ,\eta\geqslant 0 \tag{5-9}$$

其中，R_c 表示地区 c 的机器人总数量，Q_c 表示机器人价格，其中

$1/\eta$ 表示机器人供给弹性。由于受机器人影响的当期人口队列占总人口的比率很小，因此忽略机器人对地区总的劳动力供给的影响效应，即设定高技能工人和低技能工人供给 $\bar{H}_c$ 和 $\bar{L}_c$ 固定不变。令高技能劳动力工资和低技能劳动力工资分别为 $w_{c,h}$ 和 $w_{c,l}$；机器人价格为 Q_c。各个生产要素的供给满足：

$$\sum_{i\in I}\int_0^1 h_{ci}(s)=H_c \quad , \sum_{i\in I}\int_0^1 l_{ci}(s)=L_c \quad , \sum_{i\in I}\int_0^1 r_{ci}(s)=R_c \tag{5-10}$$

假设地区 c 的总消费等于总产出，定义 X_{ci} 为地区 c 行业 i 的总产出，因此，对于所有 $i\in I$ 和 $c\in C$ ，Y_{ci}=X_{ci} 成立，其中 $Y_{ci}=\alpha_i^{\sigma}P_{Xci}^{-\sigma}Y_c$。

此时，生产利润最大化的均衡由所有地区 c 的生产要素价格 $\{w_{c,h},w_{c,l},Q_c\}$ 和数量 $\{R_c\}$ 构成，他们满足机器人供给函数〔式（5-9）〕、高低劳动力市场以及机器人市场出清条件〔式（5-10）〕。

（1）低技能工人市场出清条件全微分可以得到地区 c 低技能工人的需求满足：

$$\mathrm{dln}L_c=\sum_{i\in I}\lambda_{ci}^{l}\left(-\frac{\mathrm{d}M_i}{\left(1-M_i\right)}+\mathrm{dln}P_{Xci}-\mathrm{dln}P_{ci}\left(x\right)+\mathrm{dln}X_{ci}\right) \tag{5-11}$$

（2）高技能工人市场出清条件全微分可以得到地区 c 高技能工人的需求满足：

$$\mathrm{dln}H_c=\sum_{i\in I}\lambda_{ci}^{h}\left(\mathrm{dln}X_{ci}+\mathrm{dln}P_{Xci}-\mathrm{dln}w_{c,h}\right) \tag{5-12}$$

（3）机器人市场出清条件全微分可以得到地区 c 机器人的总数量满足：

$$\mathrm{dln}R_c=\sum_{i\in I}\lambda_{ci}^{R}\left[\mathrm{d}M_i+\mathrm{dln}X_{ci}+\mathrm{dln}P_{Xci}-\mathrm{dln}P_{ci}\left(x\right)\right] \tag{5-13}$$

（4）机器人供给函数全微分可以得到地区 c 机器人的价格满足：

$$\mathrm{dln}Q_c=\frac{\eta\left(1-\varsigma_{c,R}\right)}{1+\eta\varsigma_{c,R}}\mathrm{dln}R_c-\frac{\eta\left(1-\beta\right)}{1+\eta\varsigma_{c,R}}\mathrm{d}w_{c,h}-\frac{\eta\varsigma_{c,l}}{1+\eta\varsigma_{c,R}}\mathrm{dln}w_{c,l} \tag{5-14}$$

其中，λ_{ci}^{l}、λ_{ci}^{h} 和 λ_{ci}^{R} 表示当地不同行业低技能工人、高技能工人以及机器人数量所占份额，$P_{ci}\left(x\right)$ 表示地区 c 行业 i 完成 x 数量任务的价

格，$\varsigma_{c,l}=\left(w_{c,l}L_c\right)/Y_c$ 和 $\varsigma_{c,R}=R_cQ_c/Y_c$ 分别表示低技能工人投入和机器人投入占总收入份额。上述四个方程式其背后有较强的经济学含义，以式（5-11）为例，地区 c 低技能工人的需求会受到行业 i 机器人智能技术应用、当地行业 i 的价格、完成任务的价格以及当地行业 i 的产出的影响，它们分别代表了机器人的替代效应、生产率的价格效应以及生产率的规模效应。其中，机器人的替代效应是指给定产品价格和总产出不变，机器人在生产任务中替代低技能工人导致其需求下降；生产率的规模效应是指机器人智能技术的应用降低了生产成本，生产成本的下降导致总产出扩张，进而对低技能工人总需求增加；而生产率的价格效应对低技能工人需求的影响取决于 $\mathrm{dln}P_{Xci}$ 和 $\mathrm{dln}P_{ci}(x)$ 之间的大小。由此不难发现，机器人智能技术的应用对低技能工人替代效应还会受到当地产出和价格的影响，此外，当地高技能工人需求、机器人总数量以及机器人价格也会同时受到多种因素的影响。本章将根据 $\mathrm{dln}X_{ci}$、$\mathrm{dln}P_{Xci}$ 和 $\mathrm{dln}P_{ci}(x)$ 的条件假设对上述式（5-11）、式（5-12）、式（5-13）和式（5-14）四个方程进行化简，以期求得 4 个未知数的变化 $\{\mathrm{dln}w_{c,h}$，$\mathrm{dln}w_{c,l}$，$\mathrm{dln}Q_c$，$\mathrm{dln}R_c\}$ 是自变量 $\{\mathrm{dln}M_i\}$ 的函数①。

对式（5-11）进行化简最终可以得到：

$$\left(1+\sigma\beta-2\beta\right)\mathrm{dln}w_{c,l}-\left(2-\sigma\right)\left(1-\beta\right)\mathrm{dln}w_{c,h}=\left(\sigma-1\right)\beta\sum\nolimits_{i\in I}\lambda_{ci}^{l}\frac{\mathrm{d}M_i}{1-M_i} \tag{5-15}$$

对式（5-12）进行化简最终可以得到：

$$\left(\sigma-2\right)\beta\mathrm{dln}w_{c,l}-\left[\left(2-\sigma\right)\left(1-\beta\right)-1\right]\mathrm{dln}w_{c,h}=\left(\sigma-1\right)\beta\sum\nolimits_{i\in I}\lambda_{ci}^{h}\frac{\mathrm{d}M_i}{1-M_i} \tag{5-16}$$

根据式（5-15）和式（5-16），本章最终得到如下命题：

命题 1：地区 c 机器人使用对当地技能溢价的影响满足：

① 为简便运算，参照 Acemoglu 和 Restrepo（2020）的处理方式，令 $M_i=M_0\approx 0$。此外，重点关注当地技能溢价与机器人智能技术应用之间的关系，因为正文未呈现 $\mathrm{dln}Q_c$ 和 $\mathrm{dln}R_c$ 的表达式，具体的模型推导及其细节处理参见附录文件。

$$\mathrm{dln}w_{c,h}-\mathrm{dln}w_{c,l}=\underbrace{\beta\left(\varphi_c-1\right)\left(\sigma-1\right)\frac{\tau_c+1}{\tau_c+\varphi_c}}_{>0}\sum\nolimits_i\lambda_{ci}\frac{\mathrm{d}M_i}{1-M_i} \tag{5-17}$$

其中，$\tau_c=L_c/H_c$，$\varphi_c=\varsigma_{c,l}/\beta>1$，$\lambda_{ci}=\left(L_{ci}+H_{ci}\right)/\left(L_c+H_c\right)$表示地区$c$的产业就业结构。从式（5–17）可以看出，地区$c$的教育预期收益，即技能溢价$\left(\mathrm{dln}w_{c,h}-\mathrm{dln}w_{c,l}\right)$和教育机会成本（低技能收入$\mathrm{dln}w_{c,l}$）会受到当地机器人智能技术应用的影响，而地区层面的机器人智能技术应用是行业层面机器人使用变化的加权平均，权重是某城市产业就业结构。由于$\varphi_c>1$，$\sigma>1$，$\beta>0$，$\left(\tau_c+1\right)/\left(\tau_c+\varphi_c\right)>0$，因此地区层面机器人智能技术应用对当地的技能溢价产生正向影响，对当地低技能工人工资增长产生负向影响。

将内生的个人教育决策模型与机器人智能技术影响工资技能溢价的模型进行有效结合，根据式（5–5）和（5–17）得到如下命题：

命题2：地区c机器人使用对教育入学率的影响满足：

$$\mathrm{dln}\pi_{c,h}=\underbrace{\frac{\kappa}{1-\nu}\left(1-\pi_{c,h}\right)\beta\left(\varphi_c-1\right)\left(\sigma-1\right)\frac{\tau_c+1}{\tau_c+\varphi_c}}_{>0}\sum\nolimits_i\lambda_{ci}\frac{\mathrm{d}M_i}{1-M_i} \tag{5-18}$$

式（5–18）阐述了地区c的教育入学率变化与当地教育入学率水平以及机器人智能技术应用之间的关系。由于$\kappa>1$，$0<\nu<1$，$\pi_{c,h}<1$，所以式（5–18）表明地区c地区层面机器人智能技术应用对当地的技能溢价产生正向影响，而地区层面工业机器人使用与式（5–17）构建方法一致，依然是行业层面机器人使用变化的加权平均，权重是某城市产业就业结构。根据上述理论模型的结论，提出如下研究假说。

假说1：城市工业机器人智能技术应用规模增加可以促进当地人力资本积累。

值得注意的是，以上分析表明低技能工人的工资增长构成了当地人们教育入学率的机会成本，而高低技能工人的工资差异扩大构成了当地人们教育入学率的预期收益。因此，需要对机器人智能技术应用的人力资本促进效应背后的机制进行检验。

假说2：城市工业机器人智能技术应用规模增加通过拉大当地工资技能溢价水平，提高教育预期收益，进而促进人力资本积累。

假说3：城市工业机器人智能技术应用规模增加通过抑制当地低技能工人工资增长，降低教育机会成本，进而促进人力资本积累[①]。

三、模型设定、变量选取与数据说明

（一）基于理论模型的计量模型设定

接下来，构建城市工业机器人智能技术使用和人力资本积累指标，对机器人智能技术应用的人力资本促进效应进行实证分析，根据同时期亚洲其他国家的工业机器人使用规模构建工具变量进行2SLS回归。根据第二部分理论推导得到的教育入学率与机器人智能技术应用之间的理论关系式（5-18）：

$$\underbrace{\mathrm{d}\ln\pi_{c,h}}_{\text{教育入学率变化 }\Delta Enroll_c} = \underbrace{\frac{\kappa}{1-\nu}\left(1-\pi_{c,h}\right)\beta\left(\varphi_c-1\right)\left(\sigma-1\right)\frac{\tau_c+1}{\tau_c+\varphi_c}}_{\text{待估系数 }\beta} \underbrace{\sum_i \lambda_{ci}\frac{\mathrm{d}M_i}{1-M_i}}_{\text{地区机器人使用 }\Delta Robots_c}$$

本文估计以下长差分（Long-Difference）形式的计量模型：

$$\Delta Enroll_{c,2005-2015}=\alpha+\beta\Delta Robots_{c,2005-2015}+\gamma X+\mu_p+\xi_c \qquad (5\text{-}19)$$

式（5-19）中，c表示城市、p表示城市c所在的省份。被解释变量$\Delta Enroll_{c,2005-2015}$表示城市$c$在2005—2015年的人力资本积累变化，具体而言，在基准回归中由当地16—18岁高中适龄群体的实际入学率和19-22岁大学适龄群体的实际入学率衡量人力资本积累。核心解释变量$\Delta Robots_{c,2005-2015}$表示城市$c$在2005—2015年的工业机器人使用衡量当地工业智能化程度（具体构建思路见后文），该指标包含了样本窗口期之前

① 为了便于模型化，教育的机会成本由低技能工人的工资表示，根据劳动力就业与工资的关系，就业机会同样构成教育的机会成本，第五部分将进一步对就业机会构成的教育机会成本进行实证检验。

的城市产业就业结构，这一 Bartik 方法的识别框架使得方程式（5-19）的回归结果可以解释为城市人力资本积累与当地工业机器人使用之间的简约式关系（Reduced-form Relationship）。在实证分析中为了排除其他因素对城市工业机器人使用的人力资本促进效应可能造成的干扰，进一步构建了一系列城市层面的控制变量 X，如男性比率、汉族比率、平均年龄、城镇户籍比率等人口特征变量，进口关税削减和外资管制放松等期初市场竞争程度的变量、当地期初经济发展水平和劳动力就业占比等其他影响人力资本积累的因素等。此外，在回归时加入省份固定效应 μ_p，以排除城市所在省份层面不可观测的宏观因素可能造成的干扰。回归时采用城市层面的聚类标准误。

在现有关于工业机器人经济效应的研究中，大多采用工具变量法缓解因不可观测的遗漏变量或双向因果而导致的内生性问题。工具变量的构建一是采用历史上相关智能设备的发展作为当前机器人使用的工具变量，如 Graetz 和 Michaels（2018）采用 1980 年行业机械臂的使用作为 1993—2007 年机器人使用的工具变量进行因果识别；二是采用机器人在不同国家之间应用规模的趋同性作为某一国家机器人使用的工具变量，如 Acemoglu 和 Restrepo（2020）采用欧洲五个国家同行业机器人的使用信息构建美国机器人使用的工具变量。闫雪凌等（2020）采用美国同行业机器人的使用规模作为中国工业机器人安装量的工具变量。考虑到不同国家机器人使用规模增长的实际情况以及产业结构的相似性，结合闫雪凌等（2020）、Acemoglu 和 Restrepo（2020）的研究思路，本章采用同时期亚洲其他国家的机器人使用信息构建工具变量进行因果识别。如图 5-1 所示，工具变量和解释变量在行业和城市维度均呈现出较强的正相关关系。

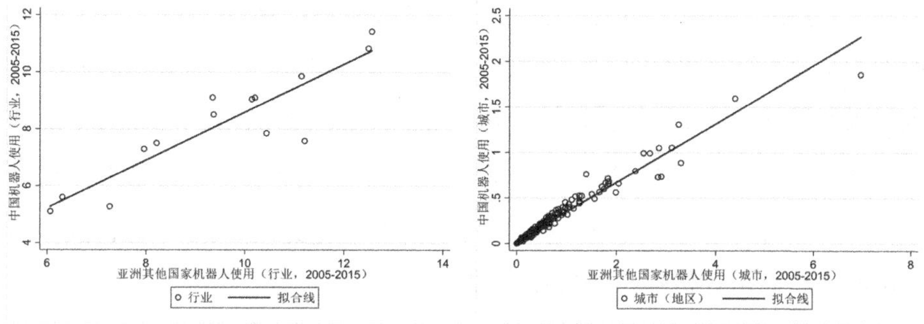

图 5－1　中国工业机器人与亚洲其他国家工业机器人使用的关系

（二）变量定义与构建

1. 城市机器人智能技术应用（工业机器人使用）

根据第二部分理论推导得到的教育入学率与机器人智能技术应用之间的理论关系式构建城市层面的工业机器人使用指标，为了使理论模型得到的地区机器人使用指标与中国的数据有效结合，参照 Acemoglu 和 Restrepo（2020）的研究思路对其进行简化处理，如下式所示[①]：

$$\sum_i \lambda_{ci}\frac{dM_i}{1-M_i}=\sum_i \frac{Emp_{ci}}{Emp_c}\frac{dM_i}{1-M_i}\approx\frac{1}{\upsilon}\sum_i \frac{Emp_{ci}}{Emp_c}\frac{dRobots_i}{Emp_i}\approx\frac{1}{\upsilon}\sum_i \frac{Emp_{ci}}{Emp_i}\frac{dRobots_i}{Labor_c} \tag{5-20}$$

式（5-20）最右侧一项表示可通过中国微观数据进行构建的城市层面工业机器人使用指标，具体而言，采用中国 14 个制造业细分行业的机器人年度使用台数、城市产业就业结构以及城市 16—64 岁适龄劳动力数量构建城市层面的工业机器人智能技术应用指标以衡量当地工业智能化水平，如下式所示：

$$\Delta Robots_{c,2005-2015}=\sum_i \frac{Emp_{ci,2004}}{Emp_{i,2004}}\times\frac{\Delta Robots_{i,2005-2015}}{Labor_{c\ 2000}} \tag{5-21}$$

式（5-21）中，c 表示城市，i 表示行业，t 表示时间。$\Delta Robots_{i,2005-2015}$ 表示 2005—2015 年中国 14 个制造业细分行业的机器人年度使用台数，

① 生产中的成本最小化意味着 $X_{ci}(1-M_i)=\gamma L_{ci}$，在行业层面加总得到 $X_i(1-M_i)=\gamma L_i$。对于机器人而言，$R_i=X_iM_i$，求全微分并根据 $M_i\approx 0$ 得到 $dM_i\approx dR_i/X_i$，进一步可得：$dM_i/(1-M_i)\approx dR_i/\gamma L_i$。

$Emp_{ci,2004}/Emp_{i,2004}$ 表示 2004 年城市层面制造业部门的劳动力占全国制造业部门劳动力总就业的份额。从式（5-21）可以看出，城市层面的工业机器人智能技术应用是行业层面机器人使用变化的加权平均，权重是某城市产业就业结构。此外，使用 2000 年城市层面 16—64 岁适龄劳动力数量 $Labor_{c,2000}$ 对工业机器人使用规模进行人均化处理，$Robots_{c,t}$ 表示不同年份城市层面工业机器人的使用台数 / 千人。

根据实证分析 336 个样本城市的工业机器人在 2005—2015 年期间的使用规模增长幅度列举了前 5 大城市和后 5 大城市的信息，以分析不同城市工业机器人使用的特征事实。如表 5-1 所示，2005—2015 年期间工业机器人使用增加幅度最大的城市是东莞，其在 2005 年的使用规模仅为 0.06 台 / 千人，但在 2015 年增加到了 1.92 台 / 千人，增幅约为 1.86 台 / 千人。除了东莞，这一时期工业机器人使用增幅最大的另外 4 个城市分别是宁波、台州、温州和常州，其主要产业也是与电子、电气和交通设备制造业相关。工业机器人使用增幅最小的 5 个城市是黄南、和田、迪庆、崇左和陇南等内陆欠发达城市，其主要产业也与金属冶炼和非金属制品相关。值得注意的是，以此构建的城市工业机器人使用指标与当地的产业结构密切相关。

表 5-1　工业机器人使用在不同地区的分布

城市	省份	2004 年主要产业	2005	2015	2005—2015
面板 A：工业机器人使用增幅最大的 5 个城市					
东莞	广东	电子和电气设备制造业	0.0607	1.9174	1.8567
宁波	浙江	通用及专用设备制造业	0.0294	1.6264	1.5970
台州	浙江	汽车制造业	0.0211	1.3295	1.3084
温州	浙江	电子和电气设备制造业	0.0168	1.0709	1.0541
常州	江苏	交通运输设备制造业	0.0169	1.0681	1.0512
面板 B：工业机器人使用增幅最小的 5 个城市					
黄南	青海	非金属矿物制品业	0.0000	0.0019	0.0019
和田	新疆	工艺品及其他制造业	0.0002	0.0035	0.0033
迪庆	云南	金属冶炼及压延加工业	0.0001	0.0052	0.0051

续表

城市	省份	2004 年主要产业	2005	2015	2005—2015
崇左	广西	金属冶炼及压延加工业	0.0001	0.0075	0.0074
陇南	甘肃	金属冶炼及压延加工业	0.0002	0.0084	0.0082

注：工业机器人使用指标的单位为台 / 千人；所选取的城市来自本章实证分析中的 336 个样本城市，由于西藏产业结构比较单一，此处将其剔除；主要产业根据 2004 年经济普查数据测算得到。

2. 人力资本积累

实证部分所分析的人力资本积累主要包括两个方面：一是当地青少年的教育投资，二是当地劳动力的技能结构。

参照 Li（2018）、张军等（2018）和赵春明等（2020）文献的研究思路，采用城市 16—18 岁高中适龄群体的实际入学率、城市 19—22 岁大学适龄群体的实际入学率衡量青少年的教育投资①。中国绝大多数家庭子女 7 岁入学的事实以及九年义务教育制度的确立使得青少年在 16 岁时完成初中教育并面临进一步接受高中教育和进入劳动力市场就业的选择，而 16—18 岁是他们正在接受高中教育的适龄时期。相应的，青少年在 19 岁时完成高中教育阶段并再一次面临同样的选择，即 19—22 岁是他们正在接受高等教育的适龄时期。

参照 Chen 等（2020）、周茂等（2019）等文献的研究思路，采用劳动力群体中高等教育占比和平均受教育年限衡量劳动力的技能结构，在具体的实证分析中，分别考察了当地 16—64 岁适龄劳动力群体、参与工作的劳动力群体技能结构的改善以及制造业部门内部不同行业之间的人力资本集聚溢出效应。

① 在实际中，每一年的 9 月至下一年的 8 月为一学年，根据全国人口普查（抽样调查）微观数据中的出生年月定义 16—18 岁和 19—22 岁。例如，2005 年数据中的 16—18 岁高中适龄群体的出生队列为 1987 年 9 月至 1990 年 8 月，19—22 岁高中适龄群体的出生队列为 1983 年 9 月至 1987 年 8 月；相应的，2015 年数据中的 16—18 岁高中适龄群体的出生队列为 1997 年 9 月至 2000 年 8 月，19—22 岁高中适龄群体的出生队列为 1993 年 9 月至 1997 年 8 月。

（三）数据来源与处理

实证分析所使用的数据主要包括2005—2015年国际机器人联盟数据库数据、1990—2015年五次全国人口普查（抽样调查）微观个体数据、2006—2014年中国城镇住户调查数据等。

国际机器人联盟数据库（International Federation of Robotics，IFR）：该数据库涵盖了70多个国家多个部门行业的机器人年度增量及存量信息。使用2005—2015年中国制造业部门细分行业的工业机器人数据和2004年城市的产业就业结构构建中国城市层面的工业机器人使用指标以衡量当地工业智能化发展水平①，构建城市产业就业结构所使用的数据来自2004年全国经济普查数据。值得注意的是，国际机器人联盟数据库的行业与全国经济普查数据的CIC-2位行业分类并非完全一致，根据数据的可获得性，将两者进行匹配得到14个制造业细分行业的机器人年度使用台数。此外，使用同时期亚洲其他国家制造业部门14个细分行业的工业机器人数据构建工具变量进行因果识别。

全国人口普查（抽样调查）微观数据：1990、2000、2005、2010和2015年五次全国人口普查（抽样调查）微观数据提供了个人性别、年龄、户籍、受教育程度、学业完成情况以及工作部门等信息。人力资本积累包括青少年的教育投资和劳动力的技能结构，具体而言，使用2005和2015年数据构建城市层面青少年群体的高中和大学实际入学率指标以衡量教育投资；使用2010和2015年数据构建城市层面适龄劳动力群体、城市层面参与工作的劳动力群体以及城市－制造业行业层面劳动力群体的高等教育占比和受教育年限指标以衡量劳动力技能结构。此外，使用2005和2015年数据构建同时期城市层面青少年群体的小学和初中实际入

① 由于国际机器人联盟数据库提供的中国工业机器人数据在2005年尚未细分行业数据，在具体的实证回归中，使用2006年的数据代替2005年的工业机器人使用台数。此外，由于2005年工业机器人使用台数相对较少，实证分析时假设2005年数据为零，结果依然稳健。

学率指标进行安慰剂检验；使用1990和2010年数据构建城市层面青少年群体的高中和大学实际入学率指标进行事前共同趋势检验；使用2005和2015年数据构建城市层面劳动力的就业结构调整对人力资本积累的机会成本进行分析。处理数据时将城市行政区划代码、行业分类代码进行对应统一。

中国城镇住户调查数据：借助于2006—2014年城镇住户调查数据构建不同技能水平劳动力的工资指标，通过分析工业机器人对当地技能溢价的影响以实现对人力资本积累预期收益的机制检验。根据现有相关文献的做法，对中国城镇住户调查数据做了如下处理：（1）剔除行业、职业、就业状态中任意一项缺失的个体；（2）将样本限定为工资为正的个体；（3）将样本限定为16—64岁适龄劳动力群体；（4）由于农业部门收入主要是经营性收入而非工资性收入，故剔除农业部门的就业个体。

主要变量的描述性统计如表5-2所示。

表5-2　主要变量的描述性统计

变量	平均值	标准差	10分位数	50分位数	90分位数
大学实际入学率（2005—2015, 差分）	0.2153	0.1180	0.0605	0.2112	0.3747
高中实际入学率（2005—2015, 差分）	0.1211	0.1094	−0.0042	0.1207	0.2480
初中实际入学率（2005—2015, 差分）	0.0001	0.0655	−0.0741	−0.0000	0.0672
小学实际入学率（2005—2015, 差分）	−0.0305	0.0486	−0.0836	−0.0235	0.0157
大学实际入学率（1990—2000, 差分）	0.0629	0.1092	−0.0470	0.0608	0.1832
高中实际入学率（1990—2000, 差分）	0.0924	0.1394	−0.0916	0.0969	0.2666
16—64岁高等学历占比（2010—2015, 水平）	0.0944	0.0601	0.0413	0.0782	0.1645
16—64岁受教育年限（2010—2015, 水平）	9.0919	1.2652	7.8236	9.2022	10.3178
就业群体高等学历占比（2010—2015, 水平）	0.1192	0.0876	0.0467	0.0939	0.2197
就业群体受教育年限（2010—2015, 水平）	9.1559	1.4120	7.6479	9.2158	10.5398
城市工业机器人使用	0.1770	0.2291	0.0254	0.0967	0.4000
城市工业机器人使用（IV）	0.4669	0.6960	0.0544	0.2500	1.0222

四、实证结果与分析

本部分将基于回归方程（5–19）对由理论模型提出的研究假说 1 进行实证检验，考察 2005—2015 年城市工业机器人使用对当地青少年教育投资的影响，以及对基准回归结果的稳健性、教育不平等问题进行讨论。

（一）基准回归结果与分析

表 5–3 报告了 2005—2015 年城市工业机器人使用对当地青少年教育投资影响的基准回归结果。其中，被解释变量为 16—18 岁高中适龄群体实际入学率和 19—22 岁大学适龄群体实际入学率，分别由面板 A 和面板 B 呈现。如表 5–3 所示，第（1）列是未加任何控制变量和固定效应的回归结果，可以看出当地 16—18 岁高中实际入学率和 19—22 岁与城市工业机器人使用呈正相关关系，但高中实际入学率的回归系数在统计上并不显著。第（2）列是加入省份固定效应的回归结果，结果显示城市工业机器人使用与当地 16—18 岁高中实际入学率以及 19—22 岁大学实际入学率的关系在 1% 的统计水平上正显著。在第（3）列进一步加入样本初始期 2005 年的高中或大学实际入学率，以排除当地青少年教育投资的现有水平与未来工业机器人的人力资本促进效应可能产生的相关关系，第（3）列结果显示，回归系数较之前有大幅下降，并且统计水平上依然显著为正。第（4）列是进一步控制城市层面人口特征变量的 OLS 回归结果，结果依然稳健。第（5）列是采用工具变量进行 2SLS 估计的结果，结果显示当地 16—18 岁高中实际入学率和 19—22 岁大学实际入学率与城市工业机器人使用依然呈显著正向关系，并且 2SLS 估计的第一阶段 F 统计量均大于 10，表明工具变量有效。第（5）列结果表明，城市工业机器人使用所衡量的工业智能化对当地青少年教育投资产生了正向影响，工业智能化的人力资本促进效应显现。

表 5–3 基准回归结果

变量	（1） OLS	（2） OLS	（3） OLS	（4） OLS	（5） 2SLS
面板 A：16—18 岁高中适龄群体入学率					
$\Delta Robots_{c,2005-2015}$	0.0237 （0.0380）	0.1446*** （0.0374）	0.0411** （0.0184）	0.0480** （0.0189）	0.0476** （0.0195）
第一阶段 F 统计量					392.962
人口特征变量	否	否	否	是	是
2005 年高中入学率	否	否	是	是	是
省份固定效应	否	是	是	是	是
观测值	336	336	336	336	336
R^2	0.0025	0.4732	0.7229	0.7386	0.7386
面板 B：19—22 岁大学适龄群体入学率					
$\Delta Robots_{c,2005-2015}$	0.0641*** （0.0245）	0.1173*** （0.0268）	0.0784*** （0.0269）	0.0780*** （0.0263）	0.0665*** （0.0253）
第一阶段 F 统计量					288.391
人口特征变量	否	否	否	是	是
2005 年大学入学率	否	否	是	是	是
省份固定效应	否	是	是	是	是
观测值	336	336	336	336	336
R^2	0.0155	0.3334	0.5149	0.5656	0.5654

表 5–3 的基准回归结果背后的经济学含义如何呢？以第（5）列的估计系数为例，城市工业机器人使用增加 1 台 / 千人，会使得当地 16—18 岁高中实际入学率和 19—22 岁大学实际入学率分别上升 4.76% 和 6.65%。本章实证策略识别的是工业机器人使用增加程度较高的城市与工业机器人使用增加程度较低的城市在 16—18 岁高中实际入学率和 19—22 岁大学实际入学率方面的相对性差异。由于基准回归中所考察的 336 个城市（地区）的工业机器人使用在 2005—2015 年均经历了不同程度的增加，表 5–2 的描述性统计显示这一时期位于 10 分位数和 90 分位数上的两个城市的工业机器使用增加程度分别为 0.03 台 / 千人和 0.40 台 / 千人，这意味着后者的高中实际入学率比前者在 2005—2015 年间累计增加了约 1.78%，而后者的大学实际入学率比前者在同时期累计增加了约 2.49%。此外，2005—2015 年高中实际入学率和大学实际入学率变化的

标准差分别为 0.11 和 0.12，10 分位数和 90 分位数上的两个城市高中实际入学率 1.78% 的差异相当于使所有城市高中实际入学率的标准差在 10 年间平均增加了约 16.18%；同理，这两个城市大学实际入学率 2.49% 的差异相当于使所有城市大学实际入学率的标准差在 10 年间平均增加了约 20.75%。这一结果表明工业机器人的使用不仅显著促进了当地人力资本积累，还使不同城市的人力资本积累呈现差异化的变化趋势，即工业机器人使用程度较大城市的高中和大学实际入学率比机器人使用程度较大城市增长更快。以工业机器人使用所衡量的工业智能化使得一部分人选择离开学校进入劳动力市场，而另一部分人倾向于选择留在学校继续接受教育。虽然这一过程是个体在受到机器人智能化技术应用和劳动力市场变化下自主选择的结果，但从整个社会发展的角度而言，机器人智能化技术应用在青少年教育投资方面产生了重新配置的效应。

诸多文献研究从国家、行业和地区层面发现工业机器人均存在不同程度的劳动力替代效应，基于中国的研究也得到了类似的证据，“机器换人”以及“机器如何换人”等成为理论学界和政策制定者广泛关注的重要问题，但本章研究发现事实并非仅限于此，工业机器人智能技术应用涉及产业结构转型和民生福祉，仅仅从工人替代和工资分配的视角理解中国工业机器使用的社会经济效应还远远不够，也容易成为困扰公众客观全面认识智能化技术福利效应的重要阻碍。本章研究刻画了中国工业机器人使用爆发性增长的背景下个体对长期教育和短期工作收益之间的权衡取舍，这对全面理解机器人智能技术应用所产生的经济社会效应提供了有益视角。

（二）人力资本积累的其他影响因素讨论

人力资本积累还会受到其他因素的影响，使得本章的基准回归结果存在偏误，下面将从期初劳动力市场条件、城市的市场竞争程度以及劳动力市场技能结构变化三个方面排除其他影响因素对本章回归结果可能造成的干扰。

1. 当地经济发展与就业条件

机器人智能技术应用程度较高的地区通常是那些经济发展水平相对较高的地区，而经济发展水平使得人们接受教育投资的信贷约束下降进而对人力资本积累有促进作用，从而使得这些地区人们的受教育程度相对其他地区更高。为了排除当地经济发展水平对基准回归结果可能造成的干扰，进一步根据 2005 年人口抽样调查数据中的个人收入情况构建城市层面的总收入指标以控制样本初始期（2005 年）城市经济发展水平。回归结果如表 5-4 第（1）列所示，当地期初的经济发展水平对 2005—2015 年的青少年教育投资影响不显著，在控制这一因素之后，结果依然稳健。此外，劳动力市场的就业条件变化构成了人们进一步接受更高水平教育的机会成本，如果当地的人口就业率较高的话，即就业岗位的增加提高了人们接受教育投资的机会成本进而对当地人力资本积累有抑制作用（Atkin，2016）。为了排除当地就业条件对基准回归结果可能造成的干扰，进一步根据 2005 年人口抽样调查数据中的个人就业信息构建城市层面的就业率指标以控制样本初始期（2005 年）城市就业条件。回归结果如表 5-4 第（2）列所示，当地期初的就业条件对 2005—2015 年的青少年教育投资有负面影响，其中对当地大学实际入学率的影响在 1% 的统计上显著为负，在控制这一因素之后，结果依然稳健。

表 5-4　控制其他影响因素的回归结果

变量	（1） 2SLS	（2） 2SLS	（3） 2SLS	（4） 2SLS	（5） 2SLS	（6） 2SLS
面板 A：16—18 岁高中适龄群体入学率						
$\Delta Robots_{c,2005-2015}$	0.0556*** （0.0198）	0.0466** （0.0204）	0.0418** （0.0208）	0.0460** （0.0196）	0.0593*** （0.0195）	0.0543** （0.0215）
城市经济发展水平	−0.0067 （0.0053）					−0.0039 （0.0064）
城市就业比率		−0.0159 （0.0703）				−0.0207 （0.0716）
进口竞争			0.3453 （0.4971）			0.4058 （0.4996）

续表

变量	（1） 2SLS	（2） 2SLS	（3） 2SLS	（4） 2SLS	（5） 2SLS	（6） 2SLS
外资管制放松				0.0594 （0.2193）		0.0288 （0.2049）
就业技能结构演变					0.1754*** （0.0661）	0.1616** （0.0821）
第一阶段 F 统计量	341.185	393.539	361.228	397.832	320.096	325.167
观测值	336	336	336	336	336	336
R^2	0.7398	0.7387	0.7393	0.7387	0.7418	0.7431
面板 B：19—22 岁大学适龄群体入学率						
$\Delta Robots_{c,2005-2015}$	0.0737*** （0.0264）	0.0518** （0.0247）	0.0481* （0.0267）	0.0677*** （0.0256）	0.0865*** （0.0253）	0.0578** （0.0256）
城市经济发展水平	−0.0059 （0.0090）					0.0025 （0.0099）
城市就业比率		−0.2791*** （0.0976）				−0.2941*** （0.0991）
进口竞争			1.3044** （0.5541）			1.3519** （0.5722）
外资管制放松				−0.0432 （0.2395）		−0.1488 （0.2373）
就业技能结构演变					0.2381** （0.1060）	0.2952*** （0.1038）
第一阶段 F 统计量	249.795	302.560	279.287	287.093	229.264	249.248
观测值	336	336	336	336	336	336
R^2	0.5664	0.5777	0.5727	0.5655	0.5715	0.5934
控制变量	是	是	是	是	是	是
省份固定效应	是	是	是	是	是	是

注：其他控制变量包括 2005—2015 年高中（大学）人口特征变量以及 2005 年高中（大学）入学率。

2. 当地的市场竞争程度

市场竞争程度提高可以通过降低企业与员工之间的搜寻成本、促使高效率企业加大研发创新投资改善员工技能结构以及改变劳动力市场就业和工资结构等多个方面对当地的人力资本积累产生影响，如果市场竞争程度较高的地区恰好是工业智能化发展较快的地区，那么前者的存在会使本章的基准结果被高估。为此，本章从进口竞争和外资管制放松两个方面衡量当地的市场竞争程度，其中进口竞争采用中国于 1999—2005

年实施的进口关税削减和城市产业就业结构进行测算，外资管制放松采用1997、2002、2004年商务部《外商投资产业指导目录》中被列为“限制”或“禁止”的条目在CIC-2位行业层面的比率和城市产业就业结构进行测算。控制市场竞争程度的回归结果如表5-4第（3）列、第（4）列结果所示，进口竞争对当地2005—2015年的青少年教育投资有正向影响，其中对当地大学实际入学率的影响在5%的统计上显著为正；另一方面，外资管制放松对当地青少年的教育投资无显著影响。在控制当地市场竞争这一因素之后，结果依然稳健。

3. 劳动力就业技能结构演变

虽然前文分析了城市就业条件构成了人们接受教育投资的机会成本，但劳动力技能结构变化对人力资本积累的影响往往取决于就业技能结构中的高低技能占比，其中就业技能结构中高技能占比提高对人力资本积累有显著的促进作用（张军等，2018）。如果劳动力就业技能结构在工业智能化水平较高的地区有着更高的高技能占比，那么这一因素的存在会高估工业机器人使用对当地青少年接受教育投资的影响效应。为了排除劳动力就业结构演变对基准回归结果可能造成的干扰，参照张军等（2018）的研究思路构建城市层面的就业技能结构指标①。回归结果如表5-4第（5）列结果显示，当地就业技能结构中的高技能占比越高，当地青少年接受高中和大学教育投资的比率就越高，控制这一因素之后，结果依然稳健。

最后，表5-4第（6）列报告了上述分析的五个可能的影响因素同时控制的回归结果，结果显示，城市工业机器人使用对当地16—18岁高中适龄群体实际入学率和19—22岁大学适龄群体实际入学率的影响并没有

① 值得注意的是，在此处将控制就业技能结构作为控制变量以缓解遗漏变量偏误所导致的内生性问题。现有文献表明就业技能结构也是人力资本积累的一种表现形式，后面将对工业机器人与当地16—64岁适龄劳动力群体、参与工作的劳动力群体以及制造业部门劳动力的就业结构改善之间的因果效应进行详细的实证分析。

因人力资本其他影响因素的存在而受到显著的干扰，工业机器人使用仍然显著促进了当地的人力资本积累。

（三）事前共同趋势检验和安慰剂检验

1. 事前共同趋势检验

对城市工业机器人使用和人力资本积累之间因果效应进行有效识别时，很重要的一点是青少年接受教育投资的事前变化趋势与未来工业机器人使用所导致的工业智能化之间存在显著关系的可能性。如果样本初始期的高中（大学）实际入学率水平与样本窗口期的高中（大学）实际入学率变化有正相关关系，那么城市工业机器人使用对当地青少年教育投资的促进作用将会被高估。进一步对 1990—2000 年高中和大学实际入学率与 2005—2015 年的城市工业机器人使用之间的关系进行实证分析[①]，回归结果如表 5-5 所示，回归时均使用工具变量法进行 2SLS 回归估计。结果显示城市工业机器人使用对 1990—2000 年当地 16—18 岁高中适龄群体以及 19—22 岁大学适龄群体实际入学率的影响均不显著。这一结果表明 1990—2000 年的青少年教育投资在工业机器人使用程度不同的城市存在相似的变化趋势，因此，在中国于 2005—2015 年期间工业机器人使用快速增长的过程中，工业机器人使用程度较小城市的青少年教育投资可以作为较大城市教育投资的反事实，可以较好地缓解因样本选择偏误而造成的内生性问题。

① 选择 1990—2000 年而非 2000—2005 年作为事前共同趋势检验的样本区间的原因：（1）IFR 记录中国工业机器人的最早年份是 1999 年，仅为 550 台，中国 2001 年的工业机器人突破 1000 台，2005 年突破 10000 台，使用 1990—2000 年进行检验可以排除 2000—2005 年工业机器人使用量的干扰，而 2000 年及以前的工业机器人台数可以忽略不计；（2）回归方程中的解释变量工业机器人是 2005—2015 年十年的使用变化，恰好可以对应人力资本积累于 1990—2000 年的十年变化。

表 5–5　事前共同趋势检验

变量	（1） 16—18 岁高中实际入学率 （1990—2000）	（2） 19—22 岁大学实际入学率 （1990—2000）
$\Delta Robots_{c,2005-2015}$	-0.0396 （0.0287）	-0.0036 （0.0206）
第一阶段 F 统计量	262.492	255.320
控制变量	是	是
省份固定效应	是	是
观测值	312	312
R^2	0.6975	0.5856

注：其他控制变量包括 1990—2000 年高中（大学）人口特征变量以及 1990 年高中（大学）入学率。

2. 安慰剂检验

考虑到中国绝大多数家庭子女当时 7 岁入学的事实以及九年义务教育制度的确立使得青少年在 16 岁时完成初中义务教育，基准回归结果采用 16—18 岁高中适龄群体和 19—22 岁大学适龄群体实际入学率作为青少年教育投资的衡量指标。因此，个人是否接受高中教育是其面临教育机会成本和教育预期收益进行权衡取舍的结果，而不再受义务教育制度的约束。这意味着工业机器人使用作为一种市场经济变化的宏观冲击对人力资本的促进效应主要体现为对人们是否接受高中教育和大学教育的影响，而无法对是否接受小学和初中义务教育产生影响。因此，本章假设人们接受小学和初中教育不仅仅会受到义务教育制度的影响，也是人们对教育机会成本和教育预期收益进行权衡取舍自我选择的结果，即将小学和初中实际入学率设定为假想的处理组，对工业智能化的人力资本促进效应进行安慰剂检验。回归结果如表 5–6 所示，其中第（1）列、第（2）列是当地 13—15 岁初中适龄群体实际入学率对工业机器人使用的回归结果，第（3）列、第（4）列是当地 7—12 岁小学适龄群体实际入学率对工业机器人使用的回归结果，结果显示，工业机器人使用对当地 13—15 岁初中适龄群体以及 7—12 岁小学适龄群体实际入学率影响效应大幅减小，并且统计上均不显著，验证了本文基准回归结果的稳健性。

表 5-6 安慰剂检验

变量	（1）	（2）	（3）	（4）
	13—15 岁初中实际入学率		7—12 岁小学实际入学率	
$\Delta Robots_{c,2005-2015}$	-0.0068 （0.0124）	0.0048 （0.0114）	0.0061 （0.0082）	0.0139 （0.0090）
第一阶段 F 统计量	259.267	264.008	259.267	263.060
控制变量	否	是	否	是
省份固定效应	是	是	是	是
观测值	336	336	336	336
R^2	0.4925	0.6794	0.5076	0.6179

注：其他控制变量包括 2005—2015 年小学（初中）人口特征变量、2005 年小学（初中）入学率以及其他影响因素，如经济发展水平。

（四）教育投资地区不平等的讨论

青少年的教育投资在不同地区之间的变化差异巨大，经济发展水平较高的地区以及城市地区往往会有更好的教育机会和教育资源，青少年更倾向于接受更高水平的教育投资，教育投资存在地区不平等。因此，下面从地区经济发展水平以及农村户籍程度两个方面对工业智能化的人力资本促进效应进行异质性分析。首先，采用 2005 年个人收入和户籍类型信息构建当地经济发展水平和农村户籍比率；然后，将城市工业机器人使用与当地经济发展水平以及当地农村户籍比率分别交乘，对方程（5-2）重新进行回归，结果如表 5-7 所示，第（1）列结果显示，城市工业机器人使用与当地经济发展水平的交乘项前的系数显著为负，表明城市工业机器人使用对高中实际入学率的促进效应在经济欠发达的地区更加显著，而工业机器人使用与当地农村户籍率的交乘项前的系数显著为正，表明城市工业机器人使用对高中实际入学率的促进效应在农村户籍比率较高的地区更加显著。第（2）列结果与第（1）列类似，表明城市工业机器人使用对大学实际入学率的促进效应在经济欠发达的地区以及农村户籍比率较高的地区更加明显。表 5-7 结果表明，工业机器人使用在一定程度上可以缓解青少年教育投资在地区层面上的不平等现象。

表 5-7　工业机器人使用与教育投资地区不平等的回归结果

变量	(1)	(2)
	16—18 岁高中实际入学率	19—22 岁大学实际入学率
$\Delta Robots_{c,2005-2015}\times GDP_{c,2005}$	-0.0492* (0.0255)	-0.1040*** (0.0308)
$\Delta Robots_{c,2005-2015}\times Rural_{c,2005}$	0.3621*** (0.1250)	0.2533 (0.1933)
$\Delta Robots_{c,2005-2015}$	0.5049 (0.3762)	1.4324*** (0.4578)
控制变量	是	是
省份固定效应	是	是
观测值	336	336
R^2	0.7515	0.6153

注：此处未呈现地区经济发展水平以及农村户籍程度两个指标的估计系数。

五、作用机制检验

本章理论模型表明工业机器人使用存在劳动力替代效应，尤其是挤出当地就业部门的低技能劳动力，并且工业机器人作为智能化技术应用的代表，技术与技能的互补进一步扩大了当地的工资技能溢价，劳动力市场也会因工业机器人的就业替代效应和技术技能的互补性而出现就业结构及工资的调整。个人在选择继续接受教育和进入劳动力市场参与就业之间面临对于短期工作和长期教育收益之间的权衡取舍，因此，劳动力市场的就业机会和技能回报率构成了教育的机会成本和教育的预期收益（Atkin，2016；Weinstein，2017；Adukia et al.，2020）。因此，劳动力市场的就业结构调整和工资技能溢价构成了机器人智能技术应用促进人力资本积累的中间机制。本部分对由理论模型提出的研究假说 2 和假说 3 进行实证检验。

（一）教育的机会成本：不同技能劳动力的就业结构调整

为了分析劳动力市场变化在工业机器人使用影响青少年教育投资背后所起的重要作用，首先从不同技能劳动力就业结构的变化进行分析。理论上来说，工业机器人的使用对当地制造业部门产生直接影响，当地劳动力在不同部门和整体就业参与之间做出调整，以实现当地劳动力的供需均衡。对当地就业结构的分析，主要考察四个研究对象：制造业部门就业比率、服务业部门就业比率、失业率和劳动参与率。现有文献研究表明工业机器人主要对低技能劳动力产生替代效应，因此，除了基于16—64岁当地适龄劳动力群体的全样本进行分析之外，本章还进一步按照不同的受教育水平分别考察不同技能劳动力的就业结构调整。

回归结果如表5-8所示，第（1）列报告了当地制造业部门就业比率与工业机器人使用的回归结果，结果显示，工业机器人使用显著抑制了当地制造业部门的就业，这一结果与Dauth等（2017）、闫雪凌等（2020）的研究结论类似，结果表明，工业机器人使用对制造业部门的低技能劳动力和高技能劳动力均存在替代效应，来自制造业部门就业的证据支持了工业机器人使用降低青少年接受教育投资的机会成本的假说。劳动力在不同部门之间进行就业调整以缓冲负面冲击，表5-8第（2）列结果显示，工业机器人使用与服务业部门整体就业呈正相关关系，尤其是高技能水平劳动力向服务业部门的就业调整抹平了工业机器人使用对当地制造业部门就业的负面冲击，并且在5%的统计上显著，而低技能水平的劳动力却很难通过向服务业部门进行就业调整以应对负面冲击。

表5-8　机会成本效应：不同技能劳动力就业调整

变量	（1） 制造业部门	（2） 服务业部门	（3） 失业率	（4） 劳动参与率	（5） 地区净效益
面板A：全部劳动力就业调整（16—64岁）					
$\Delta Robots_{c,2005-2015}$	−0.1026*** （0.0160）	0.0018 （0.0154）	−0.0015 （0.0046）	−0.1022*** （0.0192）	−0.1007*** （0.0187）
观测值	336	336	336	336	336

续表

变量	（1） 制造业部门	（2） 服务业部门	（3） 失业率	（4） 劳动参与率	（5） 地区净效益
R^2	0.5822	0.5156	0.3770	0.5852	0.5774
面板 B：低技能劳动力就业调整（16—64 岁）					
$\Delta Robots_{c,2005-2015}$	−0.0931*** （0.0167）	−0.0038 （0.0155）	−0.0011 （0.0048）	−0.0980*** （0.0215）	−0.0969*** （0.0207）
观测值	336	336	336	336	336
R^2	0.5605	0.5059	0.3803	0.6131	0.6098
面板 C：高技能劳动力就业调整（16—64 岁）					
$\Delta Robots_{c,2005-2015}$	−0.0908*** （0.0350）	0.0911** （0.0356）	0.0136*** （0.0043）	0.0139 （0.0301）	0.0003 （0.0297）
观测值	335	335	335	335	335
R^2	0.3143	0.4480	0.1834	0.4137	0.4147
控制变量	是	是	是	是	是
省份固定效应	是	是	是	是	是

结合当地制造业、服务业部门以及劳动力就业参与的变化进一步分析工业机器人使用对当地整体就业条件的净效应，以面板 A 的 16—64 岁适龄劳动力群体的样本为例，由制造业和服务业的就业净效应可得工业机器人使用使得当地就业率下降约 0.1008（−0.1026+0.0018）。假设人们无法通过空间地理间的迁移应对工业机器人使用的负面冲击，那么工业机器人使用导致城市总体就业率的下降将会使当地的工人失业率和劳动参与率反向变化，第（3）列、第（4）列结果表明，工业机器人使用虽然使经济活动中正在找工作的人口比率有所下降，但是也更大程度地降低了经济活动人口（有工作的人和目前正在找工作的人的人数）占劳动适龄总人口的比率，其净效应则是经济活动中的劳动力退出比率显著提高了约 0.1007〔（−0.1022）−（−0.0015）〕，即工业机器人使用造成了当地的整体就业条件恶化。第（5）列的回归结果也进一步验证了这一效应，并且在 1% 水平上统计显著，这一结果意味着工业机器人使用 90 分位数城市的就业条件比 10 分位数城市的下降 3.73%（0.1007*（0.40−0.03））。同理，当考察工业机器人使用对不同技能劳动力就业影响时，可

以看出对就业的负面冲击主要来源于低技能劳动力群体，90 分位数城市的低技能劳动力就业条件比 10 分位数城市的下降约 3.59%，而高技能劳动力群体受到的影响几乎忽略不计。

总体而言，工业机器人使用导致了当地劳动力市场，尤其是低技能劳动力的就业条件恶化，就业条件的恶化意味着教育机会成本的下降，进而使青少年更倾向于进行更高阶段的教育投资。

（二）教育的预期收益：劳动力工资技能溢价

接下来，将通过不同技能劳动力的工资变化对工业机器人使用影响青少年教育投资的预期收益进行分析。如果工业机器人使用在替代低技能劳动力的同时抑制了低技能劳动力的工资增长，这同样会使得青少年接受教育投资的机会成本下降。此外，高低技能劳动力的工资差异性变化导致的工资技能溢价使得青少年接受教育投资的预期收益提高。为此，借助 2006—2014 年中国城镇住户调查数据分析工业机器人使用对城市不同技能工人工资以及技能溢价的影响。

表 5-9 报告了当地制造业部门和所有部门区分高低技能水平的工人工资与工业机器人使用的回归结果[①]，其中第（1）列、第（2）列是对当地制造业部门劳动力进行 OLS 和 2SLS 回归的结果，第（3）列、第（4）列是对当地所有部门劳动力进行 OLS 和 2SLS 回归的结果。面板 A 和面板 B 区分了高低技能劳动力群体。第（2）列面板 A 结果显示，工业机器人使用每增加 1 台 / 千人，当地制造业部门低技能工人的工资增长下降约 0.30%，这一结果表明制造业部门的低技能工人工资在工业机器人使用程度较高的城市增长更加缓慢。第（2）列面板 B 结果显示，当地制造业部门高技能工人的工资增长受机器人使用的冲击不显著。进一步分析当地所有部门的劳动力工资变化时，第（4）列结果显示，城市工业机器人使用每增加 1 台 / 千人，当地所有部门低技能工人的工资增长下降 0.28%，

① 为了保证城市和部门有相对平衡的高低技能劳动力样本，本文将数据中中专及以上学历定义为高技能劳动力群体，将中专以下学历定义为低技能劳动力群体。

而对高技能工人工资的影响效应却很小，与第（2）列结果类似，结果稳健。

表 5-9 预期收益效应：劳动力技能工资溢价

变量	（1）	（2）	（3）	（4）
	当地制造业部门		当地所有部门	
	OLS	2SLS	OLS	2SLS
面板 A：低技能水平劳动力				
$Robots_{c,t}$	−0.1646** （0.0700）	−0.2958*** （0.0760）	−0.1602** （0.0685）	−0.2849*** （0.1075）
观测值	107,877	107,877	358,288	358,288
R^2	0.7328	0.7328	0.7025	0.7024
面板 B：高技能水平劳动力				
$Robots_{c,t}$	−0.1453 （0.0978）	−0.1620 （0.1261）	−0.0402 （0.0288）	−0.0500 （0.0306）
观测值	82,235	82,235	368,851	368,851
R^2	0.7049	0.7049	0.7123	0.7123
控制变量	是	是	是	是
城市固定效应	是	是	是	是
时间固定效应	是	是	是	是

表 5-9 结果表明，工业机器人使用一方面显著抑制了当地低技能水平劳动力的工资增长，他们的工资增长缓慢同样降低了青少年接受教育投资的机会成本；另一方面，当地不同技能工人的工资收益受到的影响差异较大，体现为工业机器人使用显著抑制了低技能工人工资增长，对高技能工人的工资收益影响较小，这使得当地的工资技能溢价水平被拉大，即工业机器人使用程度较高的城市有较高的技能回报率，提高了当地青少年接受教育投资的预期收益。总之，工业机器人使用通过对不同技能水平工人工资的负面影响，使得教育的机会成本下降以及教育的预期收益上升，进而促进了当地青少年的教育投资。由此，本章根据理论模型提出的研究假说 2 和假说 3 得证。

六、基于高质量就业集聚溢出的拓展分析

青少年教育投资形成的人力资本积累可以优化当地劳动力的技能结构，人力资本积累不仅仅体现在青少年的教育投资，还体现在劳动力群体技能结构的提升，而后者不仅仅存在人力资本集聚溢出效应，还可以发挥“技术载体”的功能，技术与技能的互补性意味着智能化技术应用需要辅以相应的人力资本做支撑。接下来，将基于当地劳动力技能结构改善的视角分析工业智能化的人力资本促进效应和人力资本集聚溢出效应。

（一）当地劳动力技能结构改善

本部分分析工业机器人使用是否有效促进了城市整体劳动力技能结构的改善，具体而言，参照周茂等（2019）、Chen 等（2020）的研究思路，采用 2010 和 2015 年人口普查（抽样调查）数据构成城市 – 时间面板数据，从劳动力群体的高等教育学历占比和受教育年限两个维度进行分析[①]。

表 5-10 报告了当地 16—64 岁适龄劳动力群体和参加工作的劳动力群体在高等教育学历占比和受教育年限两个方面的表现，以面板 A 第（2）列和第（4）列的回归结果为例，工业机器人使用显著提高了当地劳动力群体中高等教育学历占比和平均受教育年限，工业机器人使用每增加 1 台 / 千人，当地 16—64 岁适龄劳动力群体高等教育学历占比提高约 3.14%，平均受教育年限提高约 0.27 年。表 5-10 面板 B 对参与工作的劳动力群体的回归分析也得到了类似的结果，工业机器人使用对不同地区

① 根据 2010 和 2015 年人口普查（抽样调查）微观数据中的个人受教育程度和学业完成情况构建个人的受教育年限。例如，个人受教育程度为小学，学业完成情况为毕业，则此人的受教育年限为 6 年；如果学业完成情况为肄业或辍学，则此人的受教育年限为 3 年。

的劳动力就业技能结构产生了相对效应，以面板 B 第（2）列和第（4）列的回归结果为例，2010—2015 年期间工业机器人使用 90 分位数城市比 10 分位数城市在参加工作的劳动力群体高等教育学历占比方面累计提高了约 1.38%〔0.0567*（0.2473—0.0047）〕；工业机器人使用 90 分位数城市比 10 分位数城市在参加工作的劳动力群体平均受教育年限方面累计增加了约 0.11〔0.4601*（0.2473—0.0047）〕年。总体而言，工业机器人使用显著改善了当地劳动力的技能结构，人力资本促进效应显现。

表 5-10　工业机器人影响劳动技能结构的回归结果

变量	（1）	（2）	（3）	（4）
	高等教育学历占比		平均受教育年限	
	OLS	2SLS	OLS	2SLS
面板 A：16—64 岁适龄劳动力群体				
$Robots_{c,t}$	0.0363*** （0.0091）	0.0314*** （0.0099）	0.3264*** （0.0938）	0.2749** （0.1141）
观测值	672	672	672	672
R^2	0.9694	0.9694	0.9862	0.9862
面板 B：参与工作的劳动力群体				
$Robots_{c,t}$	0.0603*** （0.0158）	0.0567*** （0.0207）	0.5171*** （0.1414）	0.4601** （0.1845）
观测值	672	672	672	672
R^2	0.9731	0.9731	0.9853	0.9853
控制变量	是	是	是	是
城市固定效应	是	是	是	是
时间固定效应	是	是	是	是

（二）制造业部门人力资本集聚溢出与技能提升

下面分析工业机器人使用是否有效促进了城市制造业部门劳动力技能结构的改善以及验证当地行业间人力资本集聚溢出效应的存在。由于机器人的使用增长来自当地制造业部门，这使得我们可以深入到城市-行业层面分析工业机器人使用对制造业劳动力技能提升的直接和间接溢出效应。人力资本的集聚功能和强外溢效应使得工业智能化对劳动力技能提升的间接溢出效应不容忽视。为此，本文根据城市 c 行业 i 的劳动力技能受到当地行业 i 之外其他制造业行业的机器人使用的影响定义间接工业机器人使用冲击，间接工业机器人使用冲击对当地 i 行业的技能影响以反映当地不同行业之间的人力资本集聚溢出效应。具体构建如下所示：

$$IRobS_{cit} = \sum_{k \neq j} \frac{1}{L_{cit}} \left(\frac{L_{ckt}}{L_{kt}} Robots_{kt} \right) \qquad (5\text{-}22)$$

为了估计人力资本的集聚溢出效应，考察城市 c 行业 i 的劳动力技能与间接工业机器人使用冲击之间的因果关系，计量模型设定如下：

$$Skill_{cit} = \underbrace{\beta_{dir} RobS_{it}}_{\theta_{it}} + \beta_{indir} IRobS_{cit} + \beta \frac{L_{cit_0}}{L_{ct_0}} + \mu_c + \lambda_{pt} + \xi_{cit} \qquad (5\text{-}23)$$

其中，$Skill_{cit}$ 表示城市 c 行业 i 劳动力群体在 t 期的就业技能结构，由高等教育学历占比和平均受教育年限衡量。$RobS_{cit}$ 表示 t 期行业 i 的工业机器人使用，衡量当地行业 i 劳动力技能结构面临的直接机器人使用的冲击，$IRobS_{cit}$ 表示同时期城市 c 除 i 行业以外的其他行业的机器人使用，衡量当地行业 i 劳动力技能结构面临的间接工业机器人使用冲击。回归方程中加入城市固定效应 μ_c 和省份 – 时间固定效应 λ_{pt}。本部分重点考察回归系数 β_{indir}，其经济学含义是当地其他行业的机器人使用对特定行业 i 劳动力技能结构的影响。

表 5–11 报告了城市工业机器人使用对当地制造业部门劳动力技能结构直接和间接影响的回归结果。其中面板 A 第（1）列结果显示，间接工业机器人使用每增加 1 台 / 千人，城市 – 行业层面的劳动力群体中高等教育学历占比提高约 4.51%；其中面板 B 第（1）列结果显示，间接工业机器人使用每增加 1 台 / 千人，城市 – 行业层面的劳动力群体平均受教育年限提高约 0.32 年。此外，城市 – 行业的劳动力群体高等教育学历占比和平均受教育年限与自身行业的工业机器人使用也存在显著的正相关关系。第（2）列采用行业 – 时间的固定效应代替直接机器人使用冲击，行业 – 时间固定效应的引入一方面可以吸收当地行业 j 面临的直

接机器人使用冲击，另一方面还可以排除全国行业层面随时间变化的其他技术冲击对当地行业 j 的劳动力技能结构可能造成的干扰，结果稳健。第（3）列是加入控制变量的回归结果，第（4）列是采用工具变量进行 2SLS 估计的结果。表 5-11 的回归结果表明不同行业的机器人使用增加时，其不仅对当地自身行业的有促进作用，并且还会通过当地制造业部门内部不同行业之间的人力资本集聚溢出效应对当地其他行业的技能提升产生促进作用。

表 5-11　人力资本集聚溢出效应的检验

变量	（1） OLS	（2） OLS	（3） OLS	（4） 2SLS
面板 A：高等教育学历占比				
$IRobS_{cit}$	0.0451*** （0.0085）	0.0283*** （0.0097）	0.0263*** （0.0090）	0.0301*** （0.0107）
$RobS_{it}$	0.7878*** （0.1041）			
观测值	8,245	8,245	8,245	8,245
R^2	0.2498	0.3148	0.3864	0.3864
面板 B：平均受教育年限				
$IRobS_{cit}$	0.3173*** （0.0667）	0.1480** （0.0740）	0.1278* （0.0654）	0.1577** （0.0795）
$IRobS_{it}$	8.0946*** （0.6603）			
观测值	8,183	8,183	8,183	8,183
R^2	0.3641	0.4612	0.5729	0.5729
控制变量	否	否	是	是
城市固定效应	是	是	是	是
行业 × 时间固定效应	否	是	是	是
省份 × 时间固定效应	是	是	是	是

这一结果的经济学含义如何呢？行业之间的人力集聚溢出在工业机器人使用对当地制造业部门整体技能提升的影响中贡献多少呢？接下来通过比较间接机器人使用促进当地行业技能提升的效应（间接机器人使用每增加 1 台 / 千人，城市 – 行业的高等教育学历提高约 4.51%）和

直接机器人使用促进当地行业技能提升的效应（行业机器人使用每增加 1 台 / 万人，城市 – 行业的高等教育学历提高约 7.88%）以分析人力资本集聚溢出效应的程度。由于在本章的样本考察期内间接出口需求和直接出口需求增长的幅度不同，因而无法直接对两者的回归系数进行比较。2010—2015 年期间接机器人使用的均值为 0.16 台 / 千人，行业工业机器人使用的均值为 0.083 台 / 万人，这意味着 2010—2015 年期间城市 – 行业受间接机器人使用冲击的高等教育学历占比提高约 0.72%（0.16*4.51%），而城市 – 行业受直接机器人使用冲击的高等学历占比提高约 0.65%（0.083*7.88%）。因此，这一时期行业之间的人力资本集聚溢出在工业机器人使用对当地制造业部门劳动力群体高等教育学历占比的影响中贡献约 52.55%〔0.48%/（0.72%+0.65%）〕。同理，这一时期行业之间的人力资本集聚溢出在工业机器人对当地制造业部门劳动力群体平均受教育年限的影响中贡献约 43.24%。

综上所述，本章从 2010—2015 年期间当地 16—64 岁适龄劳动力群体、参加工作的劳动力群体以及制造业部门劳动力群体的高等教育学历占比和平均受教育年限等方面研究发现工业机器人使用显著改善了当地的劳动技能结构。此外，制造业部门行业之间因为工业机器使用而存在较强的人力资本集聚溢出效应。

七、结论与政策启示

本章在现有文献研究的基础上构建机器人智能技术应用影响工资技能溢价的理论模型，并进一步与内生的个人教育决策模型有效结合，在包含劳动力技能需求以及区域经济特性的理论框架下阐释了机器人智能技术应用对人力资本积累的影响及其机制：机器人智能技术应用提高教育预期收益和降低教育机会成本进而促进了人力资本积累。本章采用 1990—2015 年五次全国人口普查（抽样）调查微观数据，从实证层面对上述理论结论和机制进行检验，尝试从工业机器人使用的视角分析智能化技术应用与当地人力资本积累之间的关系，试图就工业智能化是否以及如何促进人力资本积累这个问题做出回答。本章的实证研究得到如下主要结论。

一是城市工业机器人使用显著促进了当地人力资本积累。由于本文识别的是工业机器人使用对不同城市人力资本积累的相对影响，工业机器人使用程度90分位数上城市的16—18岁高中适龄群体和19—22大学适龄群体的实际入学率比10分位数上城市在2005—2015年期间累计增加了约1.78%和2.49%。从人力资本调整的多个角度进行检验，结果依然稳健。人力资本促进效应显现，青少年接受教育投资的地区不平等也在一定程度得到缓解。

二是从劳动力就业结构调整和工资技能溢价变化分析了工业机器人使用促进青少年教育投资的影响机制。工业机器人使用导致了当地劳动力市场，尤其是低技能劳动力的就业条件恶化，并且扩大了当地劳动力工资技能溢价。工业机器人使用通过劳动力工资技能溢价和就业替代效应两个渠道分别提高了教育的预期收益和降低了教育的机会成本，进而促进了人力资本积累。

三是工业机器人使用显著地改善了当地劳动力就业技能结构。工业机器人使用程度90分位数上城市的参加工作的劳动力群体高等教育学历比率比10分位数上城市在2005—2015年期间累计增加了约1.38%，平均受教育年限方面累计增加了约0.11年。制造业部门内部行业之间因工业机器使用而存在较强的人力资本集聚溢出效应。人力资本集聚溢出在当地制造业部门劳动力群体高等教育学历占比的改善中贡献约52.55%，平均受教育年限的改善中贡献约43.24%。

本章的研究结论刻画了中国工业机器人智能技术应用的背景下个体对于短期工作和长期教育收益之间的权衡取舍以及劳动力技能结构的改善，为全面客观评估工业智能化的福利效应提供了新的视角，同时在当前中国积极推动经济发展模式转变、产业结构升级以及实施人才强国战略等方面具有重要的政策启示。

首先，当前中国经济由高速发展阶段转向高质量发展阶段，推动智能化技术应用和产业转型升级对人力资本和劳动力技能提出了更高的要求。本章发现工业机器人智能技术应用存在人力资本促进效应。对于政策制定者而言，“智能 +”为制造业转型升级赋能的同时需要辅以相应的人才优先等政策实施，使劳动力技能禀赋与工业机器人等智能化技术应用相匹配，助力中国制造业产业升级和经济结构转型。对企业而言，根据自身发展和市场需求合理使用机器人等智能化技术以及优化人力结构配置，优化人力资源配置，工艺创新和劳动生产效率提升并重。对个人而言，明确工业机器人智能技术应用与人们接受教育投资之间的关系，在面临继续接受教育投资还是当期参与就业的选择时做出使自身长期效用最大化的决定。

其次，工业机器人使用会使得不同技能劳动力在部门以及就业参与之间进行就业和工资调整。研究发现工业机器人使用虽然有助于促进人力资本积累，但这一过程中却不免对低技能劳动力群体的就业和工资收益造成负面冲击，而他们往往因迁移成本较高而无法在面临工业机器人冲击时做出有效的应对缓冲。因此，在政策倾向于支持推进人才优先以及机器人等智能技术应用时，不能忽视利益受到较大损失的特定群体，辅以适当的就业优先政策和收入再分配政策可有助于减少机器人智能技术应用对制造业部门以及低技能劳动力群体带来的调整成本。

本章从理论和实证层面论证了工业机器人智能技术应用对人力资本积累的影响效应。限于篇幅等因素，未继续探讨开放经济条件下工业机器人智能技术应用对劳动力重新配置和技能需求的影响，一国技术进步可以弥补劳动力成本形成比较优势进而通过贸易分工模式对他国劳动力福利产生影响。因此，开放经济条件下工业机器人智能技术进步如何重塑贸易开放的福利效应以及由技能需求引致的产业分工模式是未来可以拓展的重要方向，未来可以基于新的理论模型和实证研究设计对此做进一步探讨。

本章参考文献

程虹，袁璐雯，2020. 机器人使用、工艺创新与质量改进——来自中国企业综合调查（CEGS）的经验证据 [J]. 南方经济（01）：46–59.

程虹，陈文津，李唐，2018. 机器人在中国：现状、未来与影响——来自中国企业 - 劳动力匹配调查（CEES）的经验证据 [J]. 宏观质量研究（03）：1–21.

程虹，王泽宇，陈佳，2020. 机器人与工资：基于劳动力质量中介效应的解释——来自中国企业综合调查（CEGS）的经验证据 [J]. 宏观质量研究（03）：1–13.

冯晨，陈舒，白彩全，2019. 长期人力资本积累的历史根源：制度差异、儒家文化传播与国家能力塑造 [J]. 经济研究（05）：146–163.

韩民春，冯乐兰，2020. 工业机器人应用对我国劳动力就业影响的研究 [J]. 工业技术经济（06）：117–122.

韩民春，乔刚，2020. 工业机器人对制造业劳动力就业的结构性影响与地区差异 [J]. 产经评论（03）：49–63.

闫雪凌，朱博楷，马超，2020. 工业机器人使用与制造业就业：来自中国的证据 [J]. 统计研究（01）：74–87.

孔高文，刘莎莎，孔东民，2020. 机器人与就业——基于行业与地区异质性的探索性分析 [J]. 中国工业经济（8）：80–98.

李坤望，陈维涛，王永进，2014. 对外贸易、劳动力市场分割与中国人力资本投资 [J]. 世界经济（3）：56–79.

刘欢，2020. 工业智能化如何影响城乡收入差距——来自农业转移劳动力就业视角的解释 [J]. 中国农村经济（5）：55–75.

刘啟仁，赵灿，2020. 税收政策激励与企业人力资本升级 [J]. 经济研究（4）：70–85.

孙早，侯玉琳，2019. 工业智能化如何重塑劳动力就业结构 [J]. 中国工业经济（5）：61–79

王文，牛泽东，孙早，2020. 工业机器人冲击下的服务业：结构升级还是低端锁定 [J]. 统计研究（7）：54–65.

夏怡然，陆铭 . 跨越世纪的城市人力资本足迹——历史遗产、政策冲击和劳动力流动 [J]. 经济研究，2019，（1）：134–151.

闫雪凌，朱博楷，马超，2020. 工业机器人使用与制造业就业：来自中国的证据 [J]. 统计研究（1）：74–87.

余玲铮，魏下海，孙中伟，吴春秀，2021. 工业机器人、工作任务与非常规能力溢价——来自制造业“企业—工人”匹配调查的证据 [J]. 管理世界（1）：47–59.

张川川，2015.“中等教育陷阱”？——出口扩张、就业增长与个体教育决策 [J]. 经济研究（12）：115–127

张军，张慧慧，徐力恒，2018. 劳动力市场分割的技能偏向如何影响家庭人力资本投资 [J]. 中国工业经济（8）：5–23.

赵春明，李震，李宏兵，2020. 主动扩大进口对中国人力资本积累的影响效应——来自最终品关税削减的长期证据 [J]. 中国工业经济（11）：61–79.

Acemoglu D，Restrepo P，2018，The Race between Man and Machine：Implications of Technology for Growth，Factor Shares，and Employment[J]. American Economic Review，108（6）：1488–1542.

Acemoglu D，Restrepo P，2020，Robots and Jobs：Evidence from U.S. Labor Markets[J]. Journal of Political Economy，128（6）：2188–2244.

Adukia A，Asher S，Novosad P，2020，Educational Investment Responses to Economic Opportunity：Evidence from Indian Road Construction[J].

American Economic Journal: Applied Economics, 12（1）: 348–376.

Agrawal A, Gans J S, Goldfarb A, 2019, Artificial Intelligence: The Ambiguous Labor Market Impact of Automating Prediction[J]. Journal of Economic Perspectives, 33（2）: 31–50.

Atkin D, 2016, Endogenous Skill Acquisition and Export Manufacturing in Mexico[J]. American Economic Review, 106（8）: 2046–2085.

Autor D, Salomons A, 2018, Is Automation Labor–Displacing? Productivity Growth, Employment, and the Labor Share[R]. NBER Working Paper No. 24871.

Cheng H, Jia R X, Li D D, et al., 2019, The Rise of Robots in China[J]. Journal of Economic Perspectives, 33（2）: 71–88.

Chen Y, Fan Z Y, Gu X M, et al., 2020, Arrival of Young Talent: The Send–down Movement and Rural Education in China[J]. American Economic Review, forthcoming.

Dauth W, Findeisen S, Suedekum J, et al., 2017, German Robots–The Impact of Industrial Robots on Workers[R]. CEPR Discussion Paper.

Ghodsi M, Reiter O, Stehrer R, et al., 2020, Robotisation, Employment and Industrial Growth Intertwined Across Global Value Chains[R]. WIIW Working Paper, No.177.

Furman J, Seamans R, 2018, AI and the Economy. NBER Working Paper, No.24689.

De Vries G J, Gentile E, Miroudot S, et al., 2020, The Rise of Robots and the Fall of Routine Jobs[J]. Labour Economics, 66（10）: 1–18.

Faber M, 2018, Robots and Reshoring: Evidence from Mexican Local Labor Markets[R]. Working Paper.

Findlay R, Kierzkowski H, 1983, International Trade and Human Capital: A Simple General Equilibrium Model[J]. Journal of Political Economy,

91（6）：957–978.

Graetz G，Michaels G，2018，Robots at Work[J]. Review of Economics and Statistics，100（5）：753–768.

Han L，Shi X Z，2019，How does Intergenerational Investment Respond to Changes in the Marriage Market? Evidence from China[J]. Journal of Development Economics，139（4）：109–121.

Hemous D，Olsen M，2013，The Rise of the Machines: Automation, Horizontal Innovation Income Inequality[R]. CEPR Discussion Paper.

Krenz A，Prettner K，Strulik H，2018，Robots，Reshoring，and the Lot of Low–Skilled Workers[R]. Working Paper.

Lankisch C，Prettner K，Prskawetz A，2017，Robots and the Skill Premium: An Automation–based Explanation of Wage Inequality[R]. Working Paper.

Li B J，2018，Export Expansion，Skill Acquisition and Industry Specialization: Evidence from China[J]. Journal of International Economics，114（09）：346–361.

Li J，Lu Y，Song H，et al.，2019，Long–term Impact of Trade Liberalization on Human Capital Formation[J]. Journal of Comparative Economics，47（4）：946–961

Weinstein R，2017，Local Labor Markets and Human Capital Investments[R]. IZA Discussion Paper，No.10598.

第六章　工业机器人使用、劳动生产率与就业技能偏向

随着中国制造业的各行业开始大规模使用工业机器人，中国劳动力市场也受到了“机器换人”所带来的巨大冲击。面对工业机器人使用造成的冲击，中国人力资本积累会受到何种影响？本章对中国各省份机器人安装量对当地省份高技能劳动力占比和劳动生产率的影响进行了实证研究，研究结果表明：工业机器人使用通对高技能劳动力就业及劳动生产率产生正向影响来促进人力资本积累。与此同时，工业机器人使用对非高经济水平地区的人力资本积累的促进作用较高经济水平地区更加显著。此外，工业机器人使用通过促进研发能力的增强，进而对劳动生产率产生正向作用。最后，就中国如何更好地运用工业机器人以促进人力资本积累、工业智能化和区域制造业统筹协调发展，以全面实现我国制造业产业结构优化升级提出了切实有效的相关建议。

本章结构安排如下：第一部分是引言；第二部分是文献回顾、理论机制与研究假说；第三部分是模型设定、变量选取与数据说明；第四部分是实证结果与分析；第五部分是作用机制检验与拓展分析；最后是结论与政策启示。

一、引言

人工智能作为推动世界新一轮工业革命的核心力量，近年来呈现出飞速发展的趋势。作为可以模拟人类智能的新时代技术，人工智能技术在智慧医疗、语音识别、工业生产等领域得到了充分的应用，这将对国家的生产方式、科技创新、经济增长等方面产生巨大的影响。为大力发展人工智能技术，中国政府高度重视人工智能领域。2017 年 7 月，国务院印发了《新一代人工智能发展规划》，将人工智能发展提升到了国家战略层面。同年 10 月，习近平总书记在党的十九大报告中指出：要推动互联网、大数据、人工智能和实体经济深度融合。近年来，工业机器人技术迎来了飞速发展，日渐发展成为促进制造产业新一轮进步和革命的核心推动力。如今，世界各国正积极发展工业机器人产业，提高工业机器人的使用密度，可以说，工业机器人的使用对国家制造业的产业升级和良性发展起到了至关重要作用。2015 年 5 月，我国国务院印发了《中国制造 2025》行动计划，该计划通过“三步走”实现“制造强国”的战略目标：第一步，在 2025 年，我国迈入制造强国行列；第二步，在 2035 年，我国制造业整体达到世界制造强国阵营中等水平；第三步，在新中国成立一百年时，我国制造业综合实力进入世界制造强国前列。

目前，我国面临人口老龄化日趋严重、劳动力成本逐渐增长、人口红利逐渐减少、企业遭遇“用工难及用工荒”等问题，此时，兼备低成本与高效率两种特点的工业机器人就成为我国制造业去人工化、解决以上问题的关键。因此，为落实《中国制造 2025》行动计划，我国积极部署工业机器人产业，扩大工业机器人在制造业各个领域中的使用规模。国际机器人联合会（International Federation of Robotics，以下简称 IFR）数据显示，在 1999 年，中国工业机器人的使用规模为 550 台，经过 20 年的高速发展，于 2018 年扩大至 64.9 万台，其中，2017—2018 年的增量最大，高达 15.6 万台。并且从 2013 年伊始，在 2013—2017 这连续五年的时间里，中国成为全世界最大的工业机器人产销国，且增长率一直保持着高速增长。IFR 发布的报告《2018 年世界机器人报告》指出：在 2017 年，世界工业机器人销售量为 38.06 万台，较去年的销售量 29.43 万台增长了 29%。而在 2017 年的世界工业机器人销售量中，中国工业机器人销售量占比超过了 1/3，为 13.79 万台，比去年同期增长约 59%，如图 6–1 所示。对此，IFR 主席曾表示，中国是当前世界上规模最大、增速最快的机器人市场。

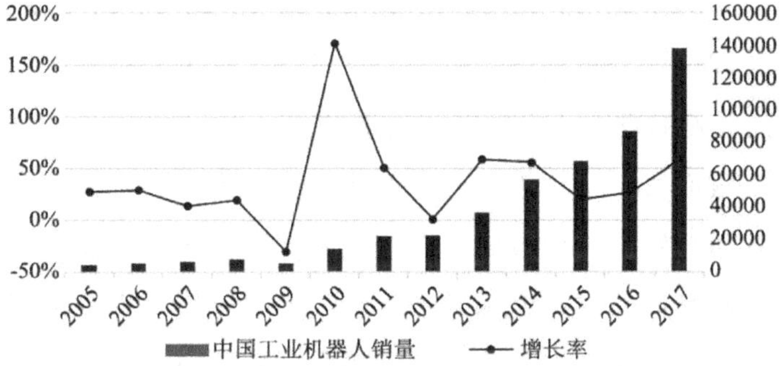

图 6–1　2005—2017 年中国工业机器人销售量（台）及增长率

工业机器人的大规模运用有效且高效地促进了我国制造业的产业结构优化和经济结构转型，与此同时，“机器换人”所带来的冲击也很大程度地推动了劳动力质量结构的调整。所谓劳动力质量结构，是指在劳动人口中，不同技能水平或受教育水平的人口所占有的比例。工业机器人的使用替代了大量普通人工工作，但许多工业机器人无法完成的高水平工作仍需要高技能劳动力（大专及以上学历）来完成。因此，技术不断革新的趋势使得高技能劳动力更容易获得企业管理者们的青睐。随着我国工业机器人产业日新月异的发展，明确工业机器人的使用对我国高技能劳动力就业以及劳动生产率的影响效果与影响机制，可以对如何促进我国人力资本积累、推动我国制造业良性发展并实现我国“制造强国”的战略目标提供帮助。

理论上来说，工业机器人使用是促进制造业产业结构转型升级的强大推力，作为经济学中的一个重要研究领域，“机器换人”一直是学界中的重要课题。近年来，工业机器人产业的快速发展对我国制造业的生产加工方式、劳动力的质量结构、职工薪酬分配等多个方面产生了重要影响。同时通过对相关文献的整理，我们发现以往文献研究的研究对象多数集中在全国层面，而很少有研究我国省级层面的工业机器人的使用对当地省份的高技能劳动力就业和生产效率的影响。本章通过研究我国省级层面的工业机器人的安装量对于省级层面的高技能劳动力就业以及劳动生产率的影响，探究省级层面工业机器人使用对人力资本积累的影响，并梳理相关理论，分析其影响机制，这对于丰富工业机器人使用对人力资本积累的影响的现有研究具有理论意义。

现实实践而言，近年来，人工智能已然成为引领科技革命的核心引擎，世界各国开始争相积极研究发展人工智能技术。工业机器人作为人工智能技术和制造技术深度结合的产物，如何赋能人力资本积累并促进制造业产业结构优化升级已然成为世界各国亟待研究的重要命题。在工业机器人在我国制造业各行业中大规模使用的当下，大量的普通劳动力的工作被工业机器人所替代，但仍存在大量的高水平工作需要高技能劳动力来完成。且我国制造业目前正处于向高质量发展转型的关键时期，如何优化我国制造业的劳动力质量结构成为首要问题。因此，研究工业机器人使用影响高技能劳动力就业以及劳动生产率的作用机理就显得尤为重要，这对促进我国制造业人力资本积累及产业结构优化升级具有现实的参考价值与指导意义。

本章基于对我国省级层面的工业机器人的使用量对省级层面的高技能劳动力就业和劳动生产率的影响研究，深入探究了工业机器人使用对当地省份人力资本积累的影响效果和影响机理，进而得出工业机器人使用对高技能劳动力就业及劳动生产率有着显著的正向影响，即工业机器人使用促进了当地省份的人力资本积累的结论，并通过中介效应模型验证了各省份研发能力在工业机器人使用对人力资本积累这一正向影响过程中所存在的中介效应。并基于以上研究成果提出相关建议，对于我国制造业如何更好地优化劳动力质量结构进而推动我国制造业产业高质量发展具有重要意义。

本章的边际贡献主要体现在以下几点：其一，设计了能够比较综合系统地描述工业机器人使用情况的测度指标，并对我国30个省（自治区、直辖市）2006—2019年间工业机器人安装密度进行了测算，直观地反映出我国各省份的工业机器人使用状况。同时基于对过往文献对工业机器人使用与劳动力就业、工资和制造业升级之间的影响等相关研究的梳理，并结合丰富的理论基础，对工业机器人使用对人力资本积累的影响展开创新性、系统性的研究，使得研究内容贴合我国制造业优化升级过程中需要解决的劳动力结构优化升级问题。其二，将工业机器人使用对人力资本积累的影响统一在同一个研究框架之中，对工业机器人使用对推动人力资本积累及进一步推动制造业优化升级的作用机制进行了全面而系统的分析。以往文献主要探讨了工业机器人使用对劳动力就业、劳动力收入分配等单方面的影响，而对于促进制造业升级这一过程中所存在的内在机制缺乏更为深入系统的研究分析。因此，本章在研究工业机器人使用与人力资本积累之间的影响关系的过程中，将人力资本积累细分为高技能劳动力就业和劳动生产率，从而使研究更具系统性。其三，在研究过程中不仅着眼于工业机器人使用对省级层面人力资本积累的一般影响，还考虑到我国各区域之间存在较大的经济水平和发展水平的差异，并基于此进行了进一步的研究，探讨工业机器人使用对人力资本积累的影响作用是否具有区域异质性。研究发现，工业机器人使用对非高经济水平地区的人力资本积累促进作用较高经济水平地区更加明显，这对于如何促进与统筹区域协调发展进而推动全面实现制造业高质量发展具有重要意义。

二、文献回顾、理论机制与研究假说

（一）工业机器人使用对劳动就业的影响效应

关于工业机器人的应用对劳动力就业的影响，国内外都进行了充分研究，主要观点有两种：（1）Acemoglu 和 Restrepo（2020）的研究发现制造业行业中，每一千人中所拥有的工业机器人数量每增加一台，行业就业人口的比例就会减少 0.18%—0.34%，这表明使用工业机器人会导致部分劳动力失业。此外，Faber 和 Kugler（2020）等学者的研究结果表明发达国家工业机器人的使用会对非发达贸易国的劳动力的就业与收入产生负面影响。闫雪凌等（2020）基于制造业行业层面数据的研究指出，工业机器人的使用不会对制造业行业的劳动者的工资造成显著影响，但是会显著减少制造业行业的就业岗位。更进一步的研究则发现工业机器人使用对制造业行业就业的抑制效果主要体现在低技能劳动力群体中，并且高技术的机器人所产生的这种抑制效果更加显著（韩民春和乔刚，2020）。王晓娟等（2022）基于实证研究发现，现阶段应用工业机器人会对制造业就业和工资水平均造成较大的负面冲击，每增加 1 单位工业机器人渗透度，就会减少 0.391% 的制造业就业总量和降低 0.163% 的制造业工资水平。（2）有研究认为工业机器人的使用可以有效且高效地提高劳动生产率，且对就业的创造效应显著大于替代效应（Gregory 等，2016；Berg，2018）。例如，Trajtenber（2018）认为，应用工业机器人可以提高产出从而增加就业需求，同时也会促进技术变革以创造更多全新的就业岗位。Dauth 等（2017）基于对德国工业机器人使用情况的研究也发现，工业机器人的应用并未导致总就业岗位的减少，而是改变了就业结构。Bessen（2017）通过对计算机技术的使用情况对制造业就业情况的影响进行实证研究，也得到了类似结果，即技术变革仅改变了就业结构。短期内，工业机器人的使用会对劳动力就业造成一定冲击；但从长期看，工业机器人的使用会促进技术革新，优化就业结构，加快经济发展，推动社会繁荣。从发达国家的角度出发，Jungmittag 等（2019）利用欧盟中的 12 个国家的制造业行业的相关数据进行研究，研究表明工业机器人的使用有效地促进了劳动生产率的增长；从发展中国家的角度出发，Cali 等（2021）通过研究印度尼西亚制造业行业的数据，发现工业机器人使用可以显著提高技术效率和销售额并促进商品价值增值。类似地，程虹等（2020）通过中介效应模型验证了工业机器人使用可以显著改善劳动力质量。李丫丫等（2018）的研究表明工业机器人使用对各要素生产率均具有显著积极作用。王文等（2020）的研究表明，工业机器人的应用虽然会减少低技能劳动力的就业岗位，但可以增加高技能劳动力的需求和生产性服务业的有效需求，整体而言，工业机器人的使用对就业的促进效应大于抑制效应。明娟和胡嘉琪（2022）基于 2012—2020 年的中国省级面板数据的研究表明，工业机器人的使用主要会对中等技能劳动力造成显著负面影响，但可以有效促进高技能劳动力就业。

（二）工业机器人使用对制造业升级的影响效应

技术变革是推动制造业升级的主要动力。工业机器人是技术创新的时代产物，必然会对制造业升级产生重大影响。Moller 和 Halinen（2017）的研究表明，企业员工在使用工业机器人的过程中会获得更先进的知识与经验并通过企业的内部交流活动将知识与经验扩散，从而提高企业的劳动力质量。黄先海等（2023）的研究指出，工业机器人的使用可以降低生产所需的原材料的消耗，从而提高产能。Atkinson（2018）认为，工业机器人的应用将促进各国制造业提高自身的生产效率和竞争力，进而扩大自身的全球市场份额。

生产效率的提高将推动制造业走向高质量、高端化发展道路，这是制造业产业结构优化升级的核心动力。研究指出，使用工业机器人可以显著地促进我国制造业的价值链攀升（刘红英，2022），高端制造业智能化的需求增长将加速传统制造业走向高端化发展的道路，进而推动制造业结构转型升级（韦东明等，2021）。此外，虽然“机器换人”会减少一部分就业岗位，但诸如机器人维修等需要高水平技术劳动力的就业岗位也会相应增加，从而改善制造业的劳动力结构，提高劳动力质量和员工技能水平，从而促进企业人力资本积累（黄先海等，2023）。Lankisch 等（2019）认为工业机器人会替代部分低技能劳动力，改善企业的劳动力质量结构，产生良性效应，促进制造业产业升级，且工业机器人的使用规模越大，高技能劳动力所占的比例就越高，即工业机器人有效地促进了人力资本积累（杜传文等，2018；胡晟明等，2021）。米晋宏等（2020）、袁其刚等（2022）和朱火弟等（2021）的研究指出工业机器人的使用降低了企业生产对低技能劳动力的依赖，从而促使企业将更多的资本投入对先进生产要素的配置和更新之中，优化了要素结构，大幅减少了企业的生产成本，进而推动了制造业的结构升级。李舒沁等（2021）基于 SBTC 理论角度的研究指出工业机器人对高技能劳动力具有显著的“补偿效应”，可以有效地优化制造业行业的劳动力结构。

人工智能技术在制造业方面的革新主要体现为工业机器人运用规模的扩大，而这一改变势必会对制造业劳动力市场造成巨大的影响。因此，现代经济学家将目光着眼于工业机器人的相关研究，深入系统地探究了工业机器人使用对制造业劳动力配置、就业、工资及产业结构升级等各方面的影响，形成了一套较为全面的工业机器人理论，该理论的形成对于如何更好地运用工业机器人以实现劳动力配置优化、制造业升级具有重要意义。其一，对就业的替代效应和创造效应。由于工业机器人具有的低成本与高效率的特性，企业在现代生产加工活动中愈来愈重视工业机器人的使用。随着工业机器人使用规模的不断扩大，越来越多的一般生产加工工作均由工业机器人来实现，导致众多传统劳动力被其替代。尽管工业机器人使用对劳动力就业造成了巨大冲击，但是由于工业机器人使用扩大了企业产能从而降低了商品价格，消费者的购买欲望增强反作用于企业生产效率进一步增大，这可以带动相关产业发展从而刺激就业需求（Autor，2015）。同时，随着工业智能化水平逐步提高，企业需要培训更大一部分高技能水平的劳动力来驱动机器人，这亦会对就业产生创造效应。其二，对劳动力报酬的影响。由于工业机器人使用会对劳动力市场产生冲击，劳动力的收入份额亦会受到影响。由于工业机器人替代了一大部分传统人力工作，因此许多劳动力会由于工作成效被替代而被降薪。但相应的，由于企业培训高技能水平的劳动力来驱动工业机器人运作，因此这一部分劳动力的绩效水平会得到相应的提升，即其工作水平会得到一定的涨幅。因此，工业机器人的使用会扩大不同技能水平劳动力的收入差距，进一步加剧劳动力收入分配不平等的状况。但从长期的角度来看，工业机器人对劳动力收入分配的影响范围和影响程度仍亟待确定（王军和常红，2021）。其三，对社会经济增长的影响。咨询公司埃森哲于2016年发布了一份关于人工智能的报告，报告指出人工智能将会通过三个方面促进社会经济增长：一是人工智能可以将烦冗的工作自动化高效化处理；二是人工智能可以促进劳动力技能水平的提升；三是人工智能可以促进社会不断创新。现有的文献研究多为研究工业机器人运用对制造业升级以及对制造业劳动力就业的影响，但着眼于工业机器人运用对人力资本积累的影响的研究还比较有限。通过以上对现有文献研究的梳理和理论分析，发现工业机器人使用与人力资本积累之间的联系存在进一步的研究空间，故提出如下假设来验证两者间的关系。

假设1：工业机器人使用对高技能劳动力就业具有促进作用。

假设2：工业机器人使用对劳动生产率具有显著正向作用。

当工业机器人使用对高技能劳动力就业及劳动生产率均具有显著正向作用，则说明工业机器人使用促进了人力资本积累。同时，为了探究研发能力在工业机器人使用对人力资本积累作用过程中是否存在中介效应，提出以下假设。

假设3：工业机器人使用通过促进研发能力的增强，进而对劳动生产率产生正向作用。

三、模型设定、变量选取与数据说明

（一）数据来源与处理

本章选取 2006—2019 年中国 30 个省（自治区、直辖市）的面板数据来研究使用工业机器人对人力资本积累的影响。鉴于数据可得性，剔除西藏自治区、香港、澳门与台湾的数据。

在构建省级层面工业机器人使用量测度指标时，工业机器人使用相关数据来源于 IFR，IFR 自 2006 年开始，提供我国各年份分行业的工业机器人使用数据，IFR 共计公布 14 个行业大类，对应我国国民经济行业分类与代码（GB/T 4754）中 13—43 二位码的细分行业代码；构建指标过程中使用到的各省份就业总人数、各省份分行业就业人数、全国分行业就业人数的数据均来源于《中国劳动统计年鉴》。各省份高技能劳动力的就业情况以各省份接受过高等教育（大专、本科及研究生）的就业人口占各省份就业总人数的比例来反映，该项数据来源于国家统计局。计算劳动生产率的过程中，各类型学历人数及城镇单位就业人员人数的数据来源于国家统计局。省级经济水平、人口规模、劳动年龄人口占比、政府干预程度、外贸程度以及研发能力等相关数据均来源于国家统计局。

（二）核心指标构建

1. 省级层面工业机器人使用量的构建

本章根据陈媛媛等（2022）关于工业机器人使用情况的变量的构建思路，构造如下的省级层面工业机器人使用量测度指标 $\ln Robots_{p,t}$，表示 p 省 t 年份地区加权（依据各省份就业的行业构成计算）的工业机器人安装密度值的对数：

$$\ln Robots_{p,t} = \ln\sum_{i\in I} l_{i,p,t}\frac{Robots_{i,t}}{Emp_{i,t}} \tag{6-1}$$

式中，$Robots_{i,t}$ 代表全国层面 i 行业在 t 时间的工业机器人使用量，$Emp_{i,t}$ 代表全国 t 年 i 行业的就业总人数（单位：万人），$l_{i,p,t}=L_{i,p,t}/L_{p,t}$ 代表 t 年 p 省份 i 行业的就业人数占 t 年 p 省份就业总人数的比例。

2. 人力资本积累测度指标的构建

人力资本积累的测度指标由省级层面高技能劳动就业情况及省级层面劳动生产率两方面组成。省级层面高技能劳动力就业情况以各省份接受过高等教育（大专、本科及研究生）的就业人口占各省份就业总人口的比例来反映。省级层面劳动生产率 ln*Pro*=ln［人均受教育年限 × 城镇单位就业人员（万人）］。式中，人均受教育年限 =（文盲人数 ×1+ 小学学历人数 ×6+ 初中学历人数 ×9+ 高中和中专学历人数 ×12+ 大专及本科以上学历人数 ×16）/ 6 岁以上人口总数。

3. 控制变量的构建

省级层面经济水平（ln*GDP*）用以各省份 2006 年为基期的人均实际 GDP 的对数值表示；省级人口规模（ln*Size*）用各省份年末常住人口的对数值表示；省级劳动年龄人口占比（*Labor*）以各省份劳动适龄人口占各省份常住总人口的比例来表示；省级政府干预程度（*Gov*）以各省份财政支出占各省份 GDP 的比例来表示；省级外贸程度（*Trade*）以各省份进出口总额占 GDP 的比重来表示。

4. 中介变量

中介变量以省级研发能力（*Res*）表示，即代表各省研发投入占各省份 GDP 的比值。

表 6–1 是关于主要变量描述，介绍了研究使用的变量定义及变量的描述性统计分析。由结果可知，主要变量均不存在异常值。

表 6–1　变量的描述性统计

变量类型	变量名称	变量符号	观测值	平均值	标准差	最小值	最大值
被解释变量	省级高技能劳动力就业情况	*Hsk*	420	0.1543	0.1003	0.0301	0.6220
	劳动生产率	ln*Pro*	420	8.1727	0.8092	5.7108	9.9025
核心解释变量	省级工业机器人使用量	ln*Robots*	420	7.7378	1.7594	2.6567	11.8745
控制变量	省级经济水平	ln*GDP*	420	10.2669	0.5411	8.7165	11.6786
	省级人口规模	ln*Size*	420	8.1852	0.7468	6.3063	9.4326
	省级劳动年龄人口占比	*Labor*	420	0.7342	0.0364	0.6448	0.8383
	省级政府干预程度	*Gov*	420	0.2417	0.1094	0.0948	0.7583
	省级外贸程度	*Trade*	420	0.3087	0.3550	0.1278	1.7113
中介变量	省级研发能力	*Res*	420	0.0150	0.0108	0.0020	0.0631

（三）计量模型设定

本章基于省级层面的面板数据，分析 2006—2019 年工业机器人使用对各省份高技能劳动力就业和劳动生产率的影响。构建以下基准回归模型验证假设 1：

$$Hsk_{p,t}=\alpha_1+\beta_1\times\ln Robots_{p,t}+\gamma_1X_1+\mu_{p1}+\lambda_{t1}+\xi_{ipt1} \qquad (6-2)$$

构建以下基准回归模型验证假设 2：

$$\ln Pro_{p,t}=\alpha_2+\beta_2\times\ln Robots_{p,t}+\gamma_2X_2+\mu_{p2}+\lambda_{t2}+\xi_{ipt2} \qquad (6-3)$$

基准回归模型（6–2）中，$Hsk_{p,t}$ 表示 p 省在 t 年的高技能劳动力就业人口占 p 省 t 年就业总人口的比例；X_1 代表一系列控制变量，包括各省份的经济水平、人口规模以及外贸程度。基准回归模型（6–3）中，$\ln Pro_{p,t}$ 表示 p 省在 t 年的劳动生产率；X_2 代表一系列控制变量，包括各省份的经济水平、人口规模、劳动年龄人口占比、政府干预程度以及外贸程度。为排除省份层面不随时间变化不可观测的宏观因素对回归结果可能造成的干扰，故在基准回归模型中加入省份固定效应 μ_{p1} 和 μ_{p2}。同时，为排除随时间变化不可观测的宏观因素对回归结果可能造成的干扰，进一步在模型中加入年份固定效应 λ_{t1} 和 λ_{t2}。ξ_{ipt1} 和 ξ_{ipt2} 为随机干扰项。

四、实证结果与分析

（一）基准回归结果与分析

表 6–2 为省级层面工业机器人使用影响高技能劳动力就业和劳动生产率的基准回归结果。第（1）列和第（3）列为仅加入工业机器人使用量的回归结果，第（2）列和第（4）列为加入各省份经济水平、人口规模、外贸程度、劳动年龄人口占比及政府干预程度等控制变量的回归结果。基准回归采用的是时间和地区固定的双重固定效应模型。从表 6–2 第（1）列的结果来看，在仅考虑使用工业机器人对高技能劳动力就业影响的情况下，其估计系数为 0.00979，且在 5% 的水平上显著。从第（2）列的情况来看，在加入控制变量后，工业机器人使用量的系数依然为正，仅是其系数略有改变，说明工业机器人使用对高技能劳动力就业的正向影响是稳定且显著的，假设 1 由此得到验证。工业机器人使用量测度指标的回归系数所代表经济学含义是，在其他条件不发生变化的情况下，工业机器人的安装密度的对数值每增加 1，高技能劳动力就业人口占就业总人口的比重会增加 0.979%。从第（3）列的结果来看，在仅考虑使用工业机器人对劳动生产率的情况下，其估计系数为 0.197，且在 1% 的水平上显著。从第（4）列的情况来看，在加入控制变量后，工业机器人使用量的系数依然为正，仅是其系数略有改变，说明工业机器人使用对劳动生产率的正向影响是稳定且显著的，假设 2 由此得到验证。

表 6–2 各省份工业机器人使用与高技能劳动力就业的回归结果

变量	（1） *Hsk*	（2） *Hsk*	（3） ln*Pro*	（4） ln*Pro*
ln*Robots*	0.00979** （0.00421）	0.00870** （0.00362）	0.197*** （0.0172）	0.172*** （0.0147）
ln*GDP*		–0.0615*** （0.0116）		0.465*** （0.0471）

续表

变量	（1） *Hsk*	（2） *Hsk*	（3） ln*Pro*	（4） ln*Pro*
ln*Size*		0.138*** （0.0272）		0.829*** （0.106）
Trade		−0.0345*** （0.0111）		−0.231*** （0.0427）
Labor				1.129*** （0.309）
Gov				0.187 （0.129）
省份固定效应	控制	控制	控制	控制
年份固定效应	控制	控制	控制	控制
观测值	420	420	420	420

注：*、** 和 *** 分别表示系数在 10%、5% 和 1% 的水平上显著，括号内为稳健标准误。下同。

（二）内生性问题讨论

一方面，尽管本章在构建省级层面机器人使用量测度指标的过程中，尽可能地使核心解释变量外生化，但由于高技能劳动力的就业情况可能会反作用于工业机器人的使用，例如高技能劳动力就业情况的增加意味着企业劳动力技能水平得到提升，可以提高企业的生产效率，企业进而需要扩大智能化现代设备的规模以实现人工技能与智能技术的平衡；另一方面，变量可能存在可得性等问题而未加以观测。因此，实证分析的过程仍然存在因不可观测的遗漏变量而导致的内生性问题。为了使实证结果具有说明意义，本章拟通过工具变量法来对实证过程中潜在的内生性问题进行处理。

工具变量的选取必须满足两个条件：其一，选择的工具变量要与内生变量高度相关；其二，工具变量要和随机扰动项不相关，即选择的工具变量要满足外生性条件。依据本章的研究对象，参考韩民春和乔刚（2020）的研究思路，采用滞后一期的工业机器人使用量测度指标（ln*Robots*）作为工具变量。滞后一期的工业机器人使用量与当期工业机器人使用量呈现出相关性，同时又与当期其他因素不相关，满足外生性的条件。选取滞后一期的工业机器人使用量作为工具变量可以充分消除由于经济发展的惯性和时序的相关性带来的影响。本章运用两阶最小二乘法（2SLS）对回归模型进行重新估计，回归结果如表 6–3 所示。

表 6–3　高技能劳动力就业和劳动生产率的工具变量回归结果

变量	（1） *Hsk*	（2） ln*Pro*
ln*Robots*	0.0117*** （0.00399）	0.162*** （0.0157）
ln*GDP*	−0.0739*** （0.0120）	0.485*** （0.0466）
ln*Size*	0.149*** （0.0279）	0.851*** （0.104）
Trade	−0.0401*** （0.0116）	−0.253*** （0.0426）
Labor		1.003*** （0.297）
Gov		0.148 （0.130）
省份固定效应	控制	控制
年份固定效应	控制	控制
观测值	390	390

注：第（1）列和第（2）列运用 2SLS 回归时，第一阶段的 F 统计量均大于 10，通过弱工具变量的有效性检验。

从表 6–3 第（1）列的结果看，工业机器人使用对高技能劳动力就业的回归系数为正，其估计系数为 0.0117，且在 1% 的水平上显著。该结果表明使用工业机器人显著促进了高技能劳动力的就业。从第（2）列的结果看，工业机器人使用对劳动生产率的回归系数为正，其估计系数为 0.162，且在 1% 的水平上显著。该结果表明使用工业机器人对劳动生产率提高有着显著的正向作用。使用工具变量回归之后，表 6–3 展现的回归结果具有较强的经济学意义，工业机器人使用量测度指标的回归系数所代表经济含义是：在其他条件不发生变化的情况下，工业机器人的安装密度的对数值每增加 1，高技能劳动力就业人口占就业总人口的比重会增加 1.17%，劳动生产率的对数取值也会对应增长 16.2%。

（三）稳健性检验

1. 考虑其他重要影响因素

为排除遗漏变量对模型回归结果造成的干扰，因此在回归模型中补充控制变量，省级层面的高等教育普及程度测度指标 Edu，表示各省份接受过高等教育（大专、本科及研究生）的人口占总人口的比例，得到的回归结果如表 6-4 所示。由结果可知，在考虑了其他重要因素之后，工业机器人使用对高技能劳动力就业和劳动生产率的正向影响仍在 1% 的水平上显著，说明前文的回归结果是稳健可信的。

表 6-4　控制其他影响因素的回归结果

变量	（1） *Hsk*	（2） ln*Pro*
ln*Robots*	0.00921*** （0.00335）	0.172*** （0.0146）
ln*GDP*	−0.0592*** （0.0107）	0.466*** （0.0470）
ln*Size*	0.144*** （0.0252）	0.836*** （0.106）
Trade	−0.00774 （0.0108）	−0.203*** （0.0447）
Labor		1.117*** （0.308）
Gov		0.178 （0.129）
Edu	0.435*** （0.0545）	0.448** （0.224）
省份固定效应	控制	控制
年份固定效应	控制	控制
观测值	420	420

2. 缩短年份区间

尽管前文已经采用了工具变量法对回归模型进行了内生性处理，缓解了反向因果的影响，但由于工业机器人的使用情况与其初期的行业发展趋势相关，例如若初期劳动力迁入等因素导致劳动力成本下降，则企业会选择应用更多的劳动力进行生产加工，而若初期劳动力迁出等因素导致“用工难”，则企业会选择扩大工业机器人的使用规模来进行生产加工，因此，为排除初期趋势的影响，将样本的研究年份区间从2006—2019年缩短至2010—2019年来进行进一步检验，得到的回归结果如表6-5所示。由表6-5可知，在对研究的年份区间进行缩小化处理后，回归结果表明工业机器人运用对高技能劳动力就业和劳动生产率的正向影响分别在5%的水平和1%的水平上显著，说明前文的回归结果是较为稳健的。

表6-5　缩短样本窗口期的回归结果

变量	（1） *Hsk*	（2） ln*Pro*
ln*Robots*	0.0117** （0.00571）	0.232*** （0.0211）
ln*GDP*	-0.115*** （0.0176）	0.529*** （0.0724）
ln*Size*	0.117*** （0.0403）	0.713*** （0.147）
Trade	-0.0514*** （0.0142）	-0.268*** （0.0531）
Labor		0.844** （0.363）
Gov		0.313 （0.200）
省份固定效应	控制	控制
年份固定效应	控制	控制
观测值	300	300

（四）异质性分析

由于我国不同省份之间的经济水平、发展水平等存在较大差异，因此工业机器人的使用规模也存在较大差异。为研究工业机器人使用对不同经济水平的地区的影响差异，将2019年人均GDP的对数值（即ln*GDP*）大于11的划分为高经济水平地区，将2019年人均GDP的对数值小于11的划分为非高经济水平地区，如图6-2所示。

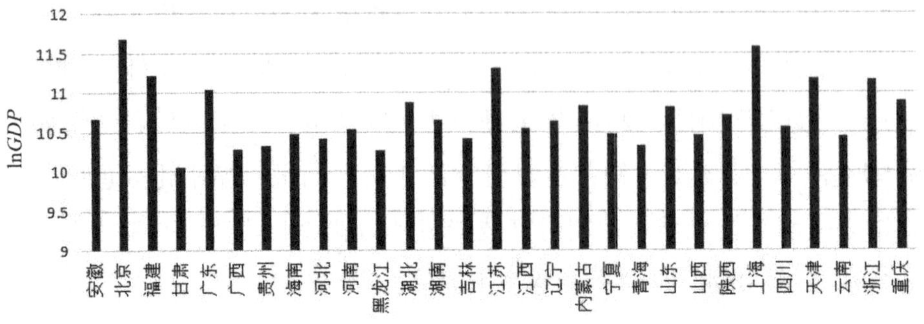

图 6-2　2019 年中国各省份 lnGDP

其中，高经济水平地区包括 7 个省（自治区、直辖市）：北京、天津、上海、江苏、浙江、福建和广东；非高经济水平地区包括 23 个省（自治区、直辖市）：河北、山东、海南、山西、安徽、江西、河南、湖北、湖南、内蒙古、广西、重庆、四川、贵州、云南、陕西、甘肃、青海、宁夏、新疆、辽宁、吉林和黑龙江。得到的回归结果如表 6-6 所示。其中，第（1）列和第（3）列报告了高经济水平地区工业机器人使用对高技能劳动力就业和劳动生产率影响，第（2）列和第（4）列报告了非高经济水平地区工业机器人使用对高技能劳动力就业和劳动生产率影响。由回归结果可以看出，工业机器人使用对高经济水平地区和非高经济水平地区的高技能劳动力就业和劳动生产率均产生了正向影响。工业机器人使用对非高经济水平地区高技能劳动力就业和劳动生产率的正向影响在 1% 的水平上显著，对高经济水平地区的回归结果并不显著，这可能是由于高经济水平地区的特性即吸收了大量高技能人才和企业规模庞大、生产力强，工业机器人使用这一单方面因素不足以显著促进其就业或促进企业产能进一步扩增。回归结果第（2）列以及第（4）列的回归系数分别大于第（1）列和第（3）列的回归系数，说明工业机器人使用对非高经济水平地区的劳动力就业和劳动生产率的促进作用较高经济水平地区更为明显。

表 6-6　不同经济发展水平的地区异质性分析结果

变量	(1) 高经济水平	(2) 非高经济水平	(3) 高经济水平	(4) 非高经济水平
ln*Robots*	0.00797 (0.00789)	0.0122*** (0.00225)	0.0144 (0.0425)	0.0423*** (0.0136)
ln*GDP*	0.287*** (0.0279)	0.0773*** (0.00776)	0.855*** (0.119)	0.343*** (0.0455)
ln*Size*	−0.0702*** (0.0121)	−0.0372*** (0.00315)	0.767*** (0.0847)	0.872*** (0.0249)
Trade	0.0608*** (0.0193)	−0.0567*** (0.0177)	0.129 (0.0917)	0.556*** (0.101)
Labor			2.813** (1.113)	3.543*** (0.267)
Gov			−0.476 (0.974)	−0.0665 (0.124)
个体固定效应	控制	控制	控制	控制
年份固定效应	不控制	不控制	不控制	不控制
观测值	98	322	98	322

五、作用机制检验与拓展分析

通过上述实证研究分析，证明了假设 1 和假设 2 的成立，即工业机器人使用对人力资本积累有显著正向作用。考虑到区域研发能力提升是促进区域劳动生产率增大从而驱动人力资本积累的重要途径，同时工业机器人使用规模的扩大会正向作用于区域研发能力，因此，为进一步研究工业机器人使用对劳动生产率的影响机制，本章通过设定中介效应模型来探究以研发能力为中介传导的工业机器人使用提升劳动生产率的影响机制，即通过中介效应检验验证假设 3。中介效应检验最常用的方法为 Baron 和 Kenny 于 1986 年提出的因果逐步回归检验法，该检验方法共分为三个步骤：第一步，分析核心解释变量 X 对被解释变量 Y 的回归，检验回归系数 $a1$ 的显著性；第二步，分析 X 对中介变量 M 的回归，检验回归系数 $a2$ 的显著性；第三步，分析加入中介变量 M 后 X 对 Y 的回归，检验 X 和 M 的回归系数 $a3$ 和 $a4$ 的显著性。本章基于因果逐步回归检验法构建如下方法来研究研发能力的中介效应。

首先，构建用于检验工业机器人使用对劳动生产率总效应的固定面板模型，即同基准回归模型（6–3）。

$$\ln Pro_{p,t}=\alpha_2+\beta_2\times\ln Robots_{p,t}+\gamma_2 X_2+\mu_{p2}+\lambda_{t2}+\xi_{ipt2} \quad (6-3)$$

其次，检验工业机器人使用对研发能力的影响作用。先把中介变量研发能力作为被解释变量，再将工业机器人使用量测度指标 ln*Robots* 作为核心解释变量参与模型回归，以此检验工业机器人使用对研发能力的影响。所建立的回归模型如下所示：

$$Res_{p,t}=\alpha_3+\beta_3\times\ln Robots_{p,t}+\gamma_3 X_2+\mu_{p3}+\lambda_{t3}+\xi_{ipt3} \quad (6-4)$$

最后，检验研发能力是否对工业机器人使用对劳动生产率产生中介效应，即通过加入研发能力这一变量，劳动生产率是否能够直接获得提升。基于这一逻辑，构建如下的模型：

$$\ln Pro_{p,t}=\alpha_4+\beta_4\times\ln Robots_{p,t}+\theta\times Res_{p,t}+\gamma_4 X_2+\mu_{p4}+\lambda_{t4}+\xi_{ipt4} \quad (6-5)$$

模型（6–3）、（6–4）和（6–5）中，控制变量保持一致，均表示为 X_2（即各省份的经济水平、人口规模、劳动年龄人口占比、政府干预程度以及外贸程度），$Res_{p,t}$ 表示 p 省 t 年研发投入占 GDP 的比值。按照以上步骤进行回归，得到的结果如表 6–7 所示。

表 6–7　影响机制检验

变量	（1） ln*Pro*	（2） *Res*	（3） ln*Pro*
ln*Robots*	0.172*** （0.0147）	0.00206*** （0.000324）	0.149*** （0.0150）
Res			11.18*** （2.288）
ln*GDP*	0.465*** （0.0471）	−0.00119 （0.00104）	0.478*** （0.0458）
ln*Size*	0.829*** （0.106）	0.0162*** （0.00234）	0.648*** （0.110）

续表

变量	（1） ln*Pro*	（2） *Res*	（3） ln*Pro*
Trade	−0.231*** （0.0427）	−0.00308*** （0.000939）	−0.196*** （0.0420）
Labor	1.129*** （0.309）	−0.0203*** （0.00681）	1.356*** （0.304）
Gov	0.187 （0.129）	−0.0109*** （0.00285）	0.309** （0.128）
省份固定效应	控制	控制	控制
年份固定效应	控制	控制	控制
观测值	420	420	420

表 6–7 第（1）列结果报告了不包含研发能力（*Res*）的回归结果，其中工业机器人使用量的测度指标 ln*Robots* 的系数表明工业机器人使用对劳动生产率影响的总效应。可以看出，总效应的回归系数在 1% 的水平上显著为正，满足中介效应检验的第一步。第（2）列为以研发能力作为被解释变量的回归结果，用以检验中介效应是否存在。其中核心解释变量 ln*Robots* 的回归系数为正，且在 1% 的水平上显著，该结果表明工业机器人使用对于提升区域的研发能力具有显著的正向作用，满足中介效应检验的第二步，即研发能力在工业机器人使用对劳动生产率的影响中产生了中介效应。

最后，为检验在工业机器人使用促进劳动生产率增大的传导机制中，研发能力作为中介变量所发挥的中介效应的占比情况，将中介效应 *Res* 和直接效应 ln*Robots* 置于同一模型中进行回归分析，回归结果如第（3）列所示。可以看到，核心解释变量 ln*Robots* 的回归系数为 0.149，且在 1% 的水平上显著，中介变量 *Res* 的回归系数为 11.18 且在 1% 的水平上显著，且由中介效应的计算公式计算可得研发能力的中介效应占总效应的比重为：0.00206*11.18/0.172=13.39%，满足中介效应检验的第三步。至此，基于以上实证分析可以得知假设 3 成立，即工业机器人使用通过促进研发能力的增强，进而对劳动生产率产生正向作用。

六、结论与政策启示

本章通过2006—2019年中国30个省（自治区、直辖市）的面板数据，结合对相关文献的梳理和理论的研究自主构建了工业机器人使用量的测度指标，并基于此设计了一系列的实证研究，通过对固定效应面板模型进行基准回归、使用工具变量通过两阶最小二乘法对模型进行内生性处理并进行稳健性检验，验证了假设1和假设2的成立，得到了稳健可信的研究结论。同时，对我国不同经济水平的区域进行了异质性分析，并最后对研发能力所存在的中介效应进行了影响机制检验，验证了假设3的成立。研究结果表明：（1）工业机器人使用对高技能劳动力就业及劳动生产率均产生显著的正向影响，有效地促进了人力资本积累；（2）工业机器人使用对非高经济水平地区的人力资本积累的促进作用较高经济水平地区更加显著；（3）工业机器人使用通过促进研发能力的增强，进而对劳动生产率产生正向作用。

基于研究结论，提出如下四点政策建议：

其一，坚持研发人工智能技术，推行“智造强国”。世界值此之际正面临科学技术革命的浪潮，这对于我国来说既是一个巨大的挑战，也是一个前所未有的机遇。人工智能技术作为技术革命的“急先锋”，势必是世界各国重点关注发展的对象。当前我国的工业机器人仍主要依赖进口，我国应充分激发科研人员的研发热情与研发创新，坚持发展人工智能技术，大力推行“智造强国”，方可争做世界科技革命的引领者。

其二，完善企业技能培训体系，提高劳动力质量。面对工业机器人造成的替代效应，企业需要不断完善自身对于劳动力的培训体系，提高劳动力的工作技能水平，在将来工业机器人使用规模不断扩大的情况下，实现高技能劳动力和工业机器人之间的平衡，更好地服务于企业，持续扩大企业产能。同时也要完善相应的社会保障体系，以应对由于工业机器人使用产生的替代效应造成的失业情况。

其三，合理深化工业机器人使用。由于制造业各个行业的生产加工方式存在较大差异，因此，企业应根据自身实际情况引入工业机器人，防止因过快引用导致的企业成本升高、大量劳动力失业等问题，以及引用过慢导致的企业产能跟不上企业发展的需要等问题。同时企业应依据自身的实际生产需求，做到循序渐进、逐步深化工业机器人使用。

其四，因地制宜，制定区域化的发展策略。由于我国高经济水平和非高经济水平之间存在较大的经济水平、发展水平等差异，因此，各地方政府应因地制宜，根据各自制造业的不同发展重点以及发展优势，制定区域化的发展策略。同时各省份之间要深化产业合作，加强对非高经济水平地区的产业帮扶，吸引资金与人才的投入，促进区域间的高技能劳动力流通，实现区域间的协调发展。

本章参考文献

闫雪凌，朱博楷，马超，2020. 工业机器人使用与制造业就业：来自中国的证据 [J]. 统计研究（01）：74−87.

韩民春，乔刚，2020. 工业机器人对制造业劳动力就业的结构性影响与地区差异 [J]. 产经评论（03）：49−63.

康茜，林光华，2021. 工业机器人与农民工就业：替代抑或促进 [J]. 山西财经大学学报（02）：43−56.

蔡昉，2019. 经济学如何迎接新技术革命？ [J]. 劳动经济研究（02）：3−20.

王永钦，董雯，2020. 机器人的兴起如何影响中国劳动力市场？——来自制造业上市公司的证据 [J]. 经济研究（10）：159−175.

王晓娟，朱喜安，王颖，2022. 工业机器人应用对制造业就业的影响效应研究 [J]. 数量经济技术经济研究（04）：88−106.

程虹，王泽宇，陈佳，2020. 机器人与工资：基于劳动力质量中介效应的解释——来自中国企业综合调查（CEGS）的经验证据 [J]. 宏观质量研究（03）：1-13.

李丫丫，潘安，彭永涛，杨文斌，2018. 工业机器人对省域制造业生产率的异质性影响 [J]. 中国科技论坛（06）：121-126.

王文，牛泽东，孙早，2020. 工业机器人冲击下的服务业：结构升级还是低端锁定 [J]. 统计研究（07）：54-65.

明娟，胡嘉琪，2022. 工业机器人应用、劳动保护与异质性技能劳动力就业 [J]. 人口与经济（04）：106-121.

黄先海，虞柳明，袁逸铭，2023. 工业机器人与企业创新——基于人力资本视角 [J]. 科学学研究（02）：356-368.

刘红英，2022. 工业机器人应用对促进我国制造业价值链攀升的影响研究 [J]. 价格理论与实践（04）：28-32.

韦东明，顾乃华，韩永辉，2021. 人工智能推动了产业结构转型升级吗——基于中国工业机器人数据的实证检验 [J]. 财经科学（10）：70-83.

杜传文，李晴，芮明杰，吕洁，2018. 大规模工业机器人应用与异质性技能劳动力之间的替代互补关系 [J]. 中国科技论坛（08）：174-182.

胡晟明，王林辉，朱利莹，2021. 工业机器人应用存在人力资本提升效应吗？ [J]. 财经研究，（06）：61-75+91.

赵春明，李震，李宏兵，彭刚，2020. 机器换人——工业机器人使用与区域劳动力市场调整 [J]. 北京师范大学学报（社会科学版）（06）：113-127.

米晋宏，江凌文，李正图，2020. 人工智能技术应用推进中国制造业升级研究 [J]. 人文杂志（09）：46-55.

袁其刚，嵇泳盛，于舒皓，2022. 人工智能促进了制造业企业出口产品升级吗？——基于技术复杂度视角的分析 [J]. 产业经济评论（03）：69-82.

朱火弟，叶润，2021. 人工智能发展对我国劳动力就业结构的影响——基于 2006—2019 年省级面板数据的实证分析 [J]. 重庆理工大学学报（社会科学）（08）：59–70.

阳立高，谢锐，贺正楚，韩峰，孙玉磊，2014. 劳动力成本上升对制造业结构升级的影响研究——基于中国制造业细分行业数据的实证分析 [J]. 中国软科学（12）：136–147.

尚涛，刘朵，2020. 工业机器人应用与我国制造业升级研究 [J]. 重庆理工大学学报（社会科学）：1–20.

邓仲良，屈小博，2021. 工业机器人发展与制造业转型升级——基于中国工业机器人使用的调查 [J]. 改革，（08）：25–37.

李舒沁，王灏晨，汪寿阳，2021. 人工智能背景下制造业劳动力结构影响研究——以工业机器人发展为例 [J]. 管理评论（03）：307–314.

郭英帝，2014. 人力资本、显性和隐性人力资本辨析 [J]. 理论学刊（10）：87–91.

王军，常红，2021. 人工智能对劳动力市场影响研究进展 [J]. 经济学动态（08）：146–160.

闵维方，2020. 人力资本理论的形成、发展及其现实意义 [J]. 北京大学教育评论（01）：9–26+188.

李永春，刘天子，2022. 人力资本理论的发展及其公共教育政策的呈现 [J]. 教育与经济（03）：73–80.

Acemoglu D，Restrepo P，2020，Robots and Jobs: Evidence from U.S. Labor Markets[J]. Journal of Political Economy，128（6）：2188–2244.

Atkinson R D，2018，Which Nations Really Lead in Industrial Robot Adoption? [J]. Information Technology & Innovation Foundation.

Berg A，Buffie E F，Zannal F，2018，Should We Fear the Robot Revolution?（The Correct Answer is Yes）[J]. Journal of Monetary Economics，97：117–148.

Bessen J E，2017，Automation and Jobs: When Technology Boosts Employment[J]. Boston Univ. School of Law，Law and Economics Research

Paper.

Cali M，2021，Presidente G. Automation and Manufacturing Performance in a Developing Country[R]. Policy Research Working Paper.

Dauth W，Findeisen S，Jens S，2017，German Robots–The Impact of Industrial Robots on Workers[R]. CEPR Discussion Papers.

David H，Autor D，2015，Why Are There Still So Many Jobs? The History and Future of Workplace Automation[J]. The Journal of Economic Perspectives，29（3）.

Faber M，2020，Robots and reshoring: Evidence from Mexican labor markets[J]. Journal of International Economics.

Gregory T，2016，Salomons A，Zierahn U. Racing With or Against the Machine? Evidence from Europe[R]. ZEW Discussion Papers.

Kugler A D，Kugler M，Ripani L，2020，U.S. Robots and Their Impacts in the Tropics: Evidence from Colombian Labor Markets[R]. NBER Working Papers.

Lankisch C，Prettner K，Prskawetz A，2019，How can Robots Affect Wage Inequality? [J]. Economic Modelling，81：161–169.

Moller K，Halinen A，2017，Managing Business and Innovation Networks–From Strategic Nets to Business Fields and Ecosystems[J]. Industrial Marketing Management，67：5–22.

Trajtenberg M，2018，Artificial Intelligence As the Nest GPT: A Political–Economy Perspective[R]. NBER Working Papers.

附　录

第五章“工业机器人使用、教育投资与高质量就业集聚溢出”正文第二部分“理论模型与研究假说”中式（5–11）—式（5–17）的具体证明过程如下。

第一步，我们对劳动力市场和机器人市场出清条件以及机器人供给函数进行全微分，得到 $\mathrm{dln}L_c$、$\mathrm{dln}R_c$、$\mathrm{dln}H_c$、$\mathrm{dln}Q_c$ 的表达式。具体推导过程如下。

根据 X_{ci} 生产的成本最小化条件，可以得到地区 c 行业 i 任务 c 生产过程中使用的高技能工人数量：$h_{ci}(s)=\dfrac{X_{ci}P_{Xci}\left(1-\beta\right)}{w_{c,h}}$

当 $s<M_i$ 时：$r_{ci}(s)=\dfrac{X_{ci}}{A_{ci}h_{ci}^{1-\beta}}$，$l_{ci}(s)=0$

当 $s>M_i$ 时：$r_{ci}(s)=0$，$l_{ci}(s)=\dfrac{X_{ci}}{\gamma A_{ci}h_{ci}^{1-\beta}}$

因此，可得 $$r_{ci}(s)=\frac{X_{ci}}{A_{ci}\left[\dfrac{X_{ci}P_{Xci}\left(1-\beta\right)}{w_{c,h}}\right]^{1-\beta}}=\frac{X_{ci}^{\beta}P_{Xci}^{\beta-1}\left(1-\beta\right)^{\beta-1}}{A_{ci}w_{c,h}^{\beta-1}}$$

也就是说，

当 $s<M_i$ 时：$r_{ci}(s)=\dfrac{X_{ci}P_{Xci}\beta}{\left[M_iQ_c+\left(1-M_i\right)\dfrac{w_{c,l}}{\gamma}\right]}$，$l_{ci}(s)=0$

当 $s > M_i$ 时：$r_{ci}(s)=0$，$l_{ci}(s)=\frac{X_{ci}P_{Xci}\beta}{\left[M_iQ_c+(1-M_i)\frac{w_{c,l}}{\gamma}\right]\gamma}$

其中，$P_{ci}(x)=M_iQ_c+(1-M_i)\frac{w_{c,l}}{\gamma}$ 表示任务总成本。

首先，将各生产要素在地区 c 行业 i 层面进行加总：

$$H_{ci}=h_{ci}(s)=\frac{X_{ci}P_{Xci}(1-\beta)}{w_{c,h}}$$

$$L_{ci}=\int_0^1 l_{ci}(s)ds=\int_{M_i}^1\frac{X_{ci}P_{Xci}\beta}{P_{ci}(x)\gamma}ds=(1-M_i)\frac{X_{ci}P_{Xci}\beta}{P_{ci}(x)\gamma}$$

$$R_{ci}=\int_0^1 r_{ci}(s)ds=\int_0^{M_i}\frac{X_{ci}P_{Xci}\beta}{P_{ci}(x)}ds=\frac{X_{ci}P_{Xci}\beta}{P_{ci}(x)}M_i \tag{A1}$$

然后，将各生产要素代入下式，在地区 c 层面进行加总：

$$H_c=\sum_{i\in I}H_{ci}=\sum_{i\in I}\frac{X_{ci}P_{Xci}(1-\beta)}{w_{c,h}}$$

$$L_c=\sum_{i\in I}L_{ci}=\sum_{i\in I}(1-M_i)\frac{X_{ci}P_{Xci}\beta}{P_{ci}(x)\gamma}$$

$$R_c=\sum_{i\in I}R_{ci}=\sum_{i\in I}M_i\frac{X_{ci}P_{Xci}\beta}{P_{ci}(x)} \tag{A2}$$

最后，对上述要素市场出清条件全微分可得：

1. 低技能劳动力市场出清条件求全微分：

$$\begin{aligned}\mathrm{dln}L_c&=\frac{\mathrm{d}L_c}{L_c}=\frac{1}{L_c}\sum_{i\in I}\mathrm{d}\left[(1-M_i)\frac{X_{ci}P_{Xci}\beta}{P_{ci}(x)\gamma}\right]\\&=\frac{1}{L_c}\sum_{i\in I}\left[(1-M_i)\frac{P_{Xci}\beta}{P_{ci}(x)\gamma}\mathrm{d}X_{ci}+(1-M_i)\frac{X_{ci}\beta}{P_{ci}(x)\gamma}\mathrm{d}P_{Xci}-\frac{X_{ci}P_{Xci}\beta}{P_{ci}(x)\gamma}\mathrm{d}M_i\right.\\&\qquad\left.-(1-M_i)\frac{X_{ci}P_{Xci}\beta}{\left[P_{ci}(x)\right]^2\gamma}dP_{ci}(x)\right]\end{aligned}$$

$$
\begin{aligned}
&=\sum_{i\in I}\left[\begin{aligned}&(1-M_i)\frac{P_{Xci}\beta}{P_{ci}(x)\gamma}\frac{L_{ci}}{L_c}\frac{X_{ci}}{L_{ci}}\frac{\mathrm{d}X_{ci}}{X_{ci}}+(1-M_i)\frac{X_{ci}\beta}{P_{ci}(x)\gamma}\frac{L_{ci}}{L_c}\frac{P_{Xci}}{L_{ci}}\frac{\mathrm{d}P_{Xci}}{P_{Xci}}\\&-\frac{X_{ci}P_{Xci}\beta}{P_{ci}(x)\gamma}\frac{L_{ci}}{L_c}\frac{(1-M_i)}{L_{ci}}\frac{\mathrm{d}M_i}{(1-M_i)}-(1-M_i)\frac{X_{ci}P_{Xci}\beta}{P_{ci}(x)\gamma}\frac{L_{ci}}{L_c}\frac{1}{L_{ci}}\frac{\mathrm{d}P_{ci}(x)}{P_{ci}(x)}\end{aligned}\right]\\
&=\sum_{i\in I}\left[\lambda_{ci}^{l}\frac{\mathrm{d}X_{ci}}{X_{ci}}+\lambda_{ci}^{l}\frac{\mathrm{d}P_{Xci}}{P_{Xci}}-\lambda_{ci}^{l}\frac{\mathrm{d}P_{ci}(x)}{P_{ci}(x)}-\lambda_{ci}^{l}\frac{\mathrm{d}M_i}{(1-M_i)}\right]\\
&=\sum_{i\in I}\left[\lambda_{ci}^{l}\left(\mathrm{dln}X_{ci}+\mathrm{dln}P_{Xci}-\mathrm{dln}P_{ci}(x)-\frac{\mathrm{d}M_i}{(1-M_i)}\right)\right]
\end{aligned}
\tag{A3}
$$

2. 机器人市场出清条件求全微分：

$$
\begin{aligned}
\mathrm{dln}R_c&=\frac{\mathrm{d}R_c}{R_c}=\frac{1}{R_c}\sum_{i\in I}\mathrm{d}\left[M_i\frac{X_{ci}P_{Xci}\beta}{P_{ci}(x)}\right]\\
&=\sum_{i\in I}\left[\lambda_{ci}^{R}\mathrm{d}M_i+\lambda_{ci}^{R}\mathrm{dln}X_{ci}+\lambda_{ci}^{R}\mathrm{dln}P_{Xci}-\lambda_{ci}^{R}\mathrm{dln}P_{ci}(x)\right]\\
&=\sum_{i\in I}\lambda_{ci}^{R}\left[\mathrm{d}M_i+\mathrm{dln}X_{ci}+\mathrm{dln}P_{Xci}-\mathrm{dln}P_{ci}(x)\right]
\end{aligned}
\tag{A4}
$$

3. 高技能市场出清条件求全微分：

$$
\begin{aligned}
\mathrm{dln}H_c&=\frac{\mathrm{d}H_c}{H_c}=\frac{1}{H_c}\sum_{i\in I}\mathrm{d}\left[\frac{X_{ci}P_{Xci}(1-\beta)}{w_{c,h}}\right]\\
&=\frac{1}{H_c}\sum_{i\in I}\left[(1-\beta)\frac{P_{Xci}}{w_{c,h}}\mathrm{d}X_{ci}+(1-\beta)\frac{X_{ci}}{w_{c,h}}\mathrm{d}P_{Xci}-\frac{X_{ci}P_{Xci}(1-\beta)}{(w_{c,h})^2}\mathrm{d}w_{c,h}\right]\\
&=\sum_{i\in I}\left[\begin{aligned}&(1-\beta)\frac{P_{Xci}}{w_{c,h}}\frac{H_{ci}}{H_c}\frac{X_{ci}}{H_{ci}}\frac{\mathrm{d}X_{ci}}{X_{ci}}+(1-\beta)\frac{X_{ci}}{w_{c,h}}\frac{H_{ci}}{H_c}\frac{P_{Xci}}{H_{ci}}\frac{\mathrm{d}P_{Xci}}{P_{Xci}}\\&-\frac{X_{ci}P_{Xci}(1-\beta)}{w_{c,h}}\frac{H_{ci}}{H_c}\frac{1}{H_{ci}}\frac{\mathrm{d}w_{c,h}}{w_{c,h}}\end{aligned}\right]\\
&=\sum_{i\in I}\lambda_{ci}^{h}\left(\mathrm{dln}X_{ci}+\mathrm{dln}P_{Xci}-\mathrm{dln}w_{c,h}\right)
\end{aligned}
\tag{A5}
$$

4. 对机器人供给函数进行全微分：

$$
\begin{aligned}
\mathrm{dln}Q_c &= \frac{\mathrm{d}Q_c}{Q_c} = \mathrm{d}\left[\delta\left(\frac{R_c}{Y_c}\right)^{\eta}\right] \\
&= \eta\,\mathrm{dln}R_c - \eta\,\mathrm{dln}Y_c \\
&= \eta\,\mathrm{dln}R_c - \eta\Big(\big(1-\beta\big)\mathrm{d}w_{c,h} + \varsigma_{c,l}\mathrm{dln}w_{c,l} + \varsigma_{c,R}\big(\mathrm{dln}Q_c + \mathrm{dln}R_c\big)\Big) \\
&= \frac{\eta\big(1-\varsigma_{c,R}\big)}{1+\eta\varsigma_{c,R}}\mathrm{dln}R_c - \frac{\eta\big(1-\beta\big)}{1+\eta\varsigma_{c,R}}\mathrm{d}w_{c,h} - \frac{\eta\varsigma_{c,l}}{1+\eta\varsigma_{c,R}}\mathrm{dln}w_{c,l}
\end{aligned}
\quad (\text{A6})
$$

第二步，我们对其他条件进行全微分，得到 $\mathrm{dln}X_{ci}$、$\mathrm{dln}P_{Xci}$、$\mathrm{dln}P_{ci}(x)$、$\mathrm{dln}Y_c$ 的表达式。具体推导过程如下。

1. 由 $X_{ci} = \alpha_i^{\sigma} P_{Xci}^{-\sigma} Y_c$ 得：

$$
\mathrm{dln}X_{ci} = -\sigma\,\mathrm{dln}P_{Xci} + \mathrm{dln}Y_c \quad (\text{A7})
$$

2. 由 $P_{Xci} = \frac{1}{A_{ci}} P_{ci}\left(x\right)^{\beta} {w_{c,h}}^{1-\beta} \beta^{-\beta}\left(1-\beta\right)^{-(1-\beta)}$ 得：

$$
\mathrm{dln}P_{Xci} = \beta\,\mathrm{dln}P_{ci}\left(x\right) + \left(1-\beta\right)\mathrm{dln}w_{c,h} \quad (\text{A8})
$$

3. 由 $P_{ci}\left(x\right) = M_i Q_c + \left(1-M_i\right)\frac{w_{c,l}}{\gamma}$ 得：

$$
\mathrm{dln}P_{ci}\left(x\right) = \frac{1}{P_{ci}\left(x\right)}\left[Q_c\mathrm{d}M_i + M_i\mathrm{d}Q_c - \frac{w_{c,l}}{\gamma}\mathrm{d}M_i + \frac{\left(1-M_i\right)}{\gamma}\mathrm{d}w_{c,l}\right]
$$

化简：

$$
\begin{aligned}
\mathrm{dln}P_{ci}\left(x\right) &= \frac{1}{P_{ci}\left(x\right)}\left[Q_c\mathrm{d}M_i + M_i\mathrm{d}Q_c - \frac{w_{c,l}}{\gamma}\mathrm{d}M_i + \frac{\left(1-M_i\right)}{\gamma}\mathrm{d}w_{c,l}\right] \\
&= \frac{M_iQ_c}{P_{ci}\left(x\right)}\frac{\mathrm{d}M_i}{M_i} + \frac{M_iQ_c}{P_{ci}\left(x\right)}\frac{\mathrm{d}Q_c}{Q_c} - \frac{\left(1-M_i\right)}{P_{ci}\left(x\right)}\frac{w_{c,l}}{\gamma}\frac{\mathrm{d}M_i}{\left(1-M_i\right)} + \frac{\left(1-M_i\right)}{P_{ci}\left(x\right)}\frac{w_{c,l}}{\gamma}\frac{\mathrm{d}w_{c,l}}{w_{c,l}} \\
&= \varsigma_{icr}^{x}\mathrm{dln}M_i + \varsigma_{icr}^{x}\mathrm{dln}Q_c - \varsigma_{icl}^{x}\frac{\mathrm{d}M_i}{\left(1-M_i\right)} + \varsigma_{icl}^{x}\mathrm{dln}w_{c,l} \\
&= \varsigma_{icr}^{x}\frac{\left(1-M_i\right)}{M_i}\frac{\mathrm{d}M_i}{\left(1-M_i\right)} - \varsigma_{icl}^{x}\frac{\mathrm{d}M_i}{\left(1-M_i\right)} + \varsigma_{icr}^{x}\mathrm{dln}Q_c + \varsigma_{icl}^{x}\mathrm{dln}w_{c,l} \\
&= \left\{\left[\frac{\varsigma_{icr}^{x}}{\varsigma_{icl}^{x}}\frac{\left(1-M_i\right)}{M_i} - 1\right]\varsigma_{icl}^{x}\right\}\frac{\mathrm{d}M_i}{\left(1-M_i\right)} + \varsigma_{icr}^{x}\mathrm{dln}Q_c + \varsigma_{icl}^{x}\mathrm{dln}w_{c,l} \\
&= \pi_c\varsigma_{icl}^{x}\frac{\mathrm{d}M_i}{\left(1-M_i\right)} + \varsigma_{icr}^{x}\mathrm{dln}Q_c + \varsigma_{icl}^{x}\mathrm{dln}w_{c,l}
\end{aligned}
\quad (\text{A9})
$$

4. 由 $PY_c = w_{c,h}H_c + w_{c,l}L_c + Q_cR_c$ 得：

$$\mathrm{dln}Y_c = \frac{H_c}{Y_c}\mathrm{d}w_{c,h} + \frac{L_c}{Y_c}\mathrm{d}w_{c,l} + \frac{R_c}{Y_c}\mathrm{d}Q_c + \frac{Q_c}{Y_c}\mathrm{d}R_c$$

化简：

$$\begin{aligned}\mathrm{dln}Y_c &= \frac{H_c}{Y_c}\mathrm{d}w_{c,h} + \frac{L_c}{Y_c}\mathrm{d}w_{c,l} + \frac{R_c}{Y_c}\mathrm{d}Q_c + \frac{Q_c}{Y_c}\mathrm{d}R_c \\ &= \frac{H_c}{Y_c}\mathrm{d}w_{c,h} + \frac{L_c}{Y_c}\mathrm{d}w_{c,l} + \frac{R_cQ_c}{Y_c}\frac{\mathrm{d}Q_c}{Q_c} + \frac{R_cQ_c}{Y_c}\frac{\mathrm{d}R_c}{R_c} \\ &= (1-\beta)\mathrm{dln}w_{c,h} + \varsigma_{c,l}\mathrm{dln}w_{c,l} + \varsigma_{c,R}\left(\mathrm{dln}Q_c + \mathrm{dln}R_c\right)\end{aligned} \quad (\text{A10})$$

第三步，将上述 $\mathrm{dln}X_{ci}$、$\mathrm{dln}P_{Xci}$、$\mathrm{dln}P_{ci}(x)$、$\mathrm{dln}Y_c$ 的表达式［式（A7）、式（A8）、式（A9）、式（A10）］代入到 $\mathrm{dln}L_c$、$\mathrm{dln}R_c$、$\mathrm{dln}H_c$ 的表达式［式（A3）、式（A4）、式（A5）］进行化简。

1. 开始化简低技能劳动力市场出清条件：

$$\begin{aligned}\mathrm{dln}L_c &= \sum_{i\in I}\left[\lambda_{ci}^l\left(\mathrm{dln}X_{ci} + \mathrm{dln}P_{Xci} - \mathrm{dln}P_{ci}(x) - \frac{\mathrm{d}M_i}{(1-M_i)}\right)\right] \\ &= \sum_{i\in I}\lambda_{ci}^l(-\sigma\mathrm{dln}P_{Xci} + \mathrm{dln}Y_c) + \sum_{i\in I}\lambda_{ci}^l\mathrm{dln}P_{Xci} - \sum_{i\in I}\lambda_{ci}^l\mathrm{dln}P_{ci}(x) - \sum_{i\in I}\lambda_{ci}^l\frac{\mathrm{d}M_i}{(1-M_i)} \\ &= (1-\sigma)\sum_{i\in I}\lambda_{ci}^l\left[\beta\mathrm{dln}P_{ci}(x) + (1-\beta)\mathrm{dln}w_{c,h}\right] + \mathrm{dln}Y_c - \sum_{i\in I}\lambda_{ci}^l\mathrm{dln}P_{ci}(x) - \sum_{i\in I}\lambda_{ci}^l\frac{\mathrm{d}M_i}{(1-M_i)} \\ &= \left[(1-\sigma)\beta-1\right]\sum_{i\in I}\lambda_{ci}^l\mathrm{dln}P_{ci}(x) + (1-\sigma)(1-\beta)\sum_{i\in I}\lambda_{ci}^l\mathrm{dln}w_{c,h} + \mathrm{dln}Y_c - \sum_{i\in I}\lambda_{ci}^l\frac{\mathrm{d}M_i}{(1-M_i)} \\ &= \left[(1-\sigma)\beta-1\right]\sum_{i\in I}\lambda_{ci}^l\left(\pi_c\varsigma_{icl}^x\frac{\mathrm{d}M_i}{(1-M_i)} + \varsigma_{icr}^x\mathrm{dln}Q_c + \varsigma_{icl}^x\mathrm{dln}w_{c,l}\right) \\ &\quad + (1-\sigma)(1-\beta)\sum_{i\in I}\lambda_{ci}^l\mathrm{dln}w_{c,h} + \mathrm{dln}Y_c - \sum_{i\in I}\lambda_{ci}^l\frac{\mathrm{d}M_i}{(1-M_i)} \\ &= \left[(1-\sigma)\beta-1\right]\sum_{i\in I}\lambda_{ci}^l\left(\pi_c\varsigma_{icl}^x\frac{\mathrm{d}M_i}{(1-M_i)} + \varsigma_{icr}^x\mathrm{dln}Q_c + \varsigma_{icl}^x\mathrm{dln}w_{c,l}\right) + (1-\sigma)(1-\beta)\sum_{i\in I}\lambda_{ci}^l\mathrm{dln}w_{c,h} \\ &\quad + (1-\beta)\mathrm{d}w_{c,h} + \varsigma_{c,l}\mathrm{dln}w_{c,l} + \varsigma_{c,R}(\mathrm{dln}Q_c + \mathrm{dln}R_c) - \sum_{i\in I}\lambda_{ci}^l\frac{\mathrm{d}M_i}{(1-M_i)} \\ &= \sum_{i\in I}\lambda_{ci}^l\left\{\left[(1-\sigma)\beta-1\right]\pi_c\varsigma_{icl}^x - 1\right\}\frac{\mathrm{d}M_i}{(1-M_i)} + \left\{\left[(1-\sigma)\beta-1\right]\sum_{i\in I}\lambda_{ci}^l\varsigma_{icr}^x + \varsigma_{c,R}\right\}\mathrm{dln}Q_c \\ &\quad + \left\{\left[(1-\sigma)\beta-1\right]\sum_{i\in I}\lambda_{ci}^l\varsigma_{icl}^x + \varsigma_{c,l}\right\}\mathrm{dln}w_{c,l} + (2-\sigma)(1-\beta)\sum_{i\in I}\lambda_{ci}^l\mathrm{dln}w_{c,h} + \varsigma_{c,R}\mathrm{dln}R_c \\ &= \sum_{i\in I}\lambda_{ci}^l\left\{\begin{aligned}&\left[(\beta-\sigma\beta-1)\pi_c\varsigma_{icl}^x - 1\right]\frac{\mathrm{d}M_i}{(1-M_i)} + \left[(\beta-\sigma\beta-1)\varsigma_{icr}^x + \varsigma_{c,R}\right]\mathrm{dln}Q_c \\ &+ \left[(\beta-\sigma\beta-1)\varsigma_{icl}^x + \varsigma_{c,l}\right]\mathrm{dln}w_{c,l} + (2-\sigma)(1-\beta)\mathrm{dln}w_{c,h} + \varsigma_{c,R}\mathrm{dln}R_c\end{aligned}\right\}\end{aligned} \quad (\text{A11})$$

2. 开始化简机器人市场出清条件：

$$
\begin{aligned}
\mathrm{dln}R_c &= \sum\nolimits_{i\in I}\lambda_{ci}^{R}\left\{\mathrm{d}M_i+\mathrm{dln}X_{ci}+\mathrm{dln}P_{Xci}-\mathrm{dln}P_{ci}(x)\right\}\\
&= \sum\nolimits_{i\in I}\lambda_{ci}^{R}\left\{\mathrm{d}M_i+\left(-\sigma\mathrm{dln}P_{Xci}+\mathrm{dln}Y_c\right)+\mathrm{dln}P_{Xci}-\mathrm{dln}P_{ci}(x)\right\}\\
&= \sum\nolimits_{i\in I}\lambda_{ci}^{R}\left\{\mathrm{d}M_i+(1-\sigma)\mathrm{dln}P_{Xci}+\mathrm{dln}Y_c-\mathrm{dln}P_{ci}(x)\right\}\\
&= \sum\nolimits_{i\in I}\lambda_{ci}^{R}\left\{\mathrm{d}M_i+(1-\sigma)\left[\beta\mathrm{dln}P_{ci}(x)+(1-\beta)\mathrm{dln}w_{c,h}\right]+\mathrm{dln}Y_c-\mathrm{dln}P_{ci}(x)\right\}\\
&= \sum\nolimits_{i\in I}\lambda_{ci}^{R}\left\{\mathrm{d}M_i+\left[(1-\sigma)\beta-1\right]\mathrm{dln}P_{ci}(x)+(1-\sigma)(1-\beta)\mathrm{dln}w_{c,h}+\mathrm{dln}Y_c\right\}\\
&= \sum\nolimits_{i\in I}\lambda_{ci}^{R}\left\{\begin{array}{l}\mathrm{d}M_i+\left[(1-\sigma)\beta-1\right]\left[\pi_c\varsigma_{icl}^{x}\dfrac{\mathrm{d}M_i}{(1-M_i)}+\varsigma_{icr}^{x}\mathrm{dln}Q_c+\varsigma_{icl}^{x}\mathrm{dln}w_{c,l}\right]\\ +(1-\sigma)(1-\beta)\mathrm{dln}w_{c,h}+(1-\beta)\mathrm{d}w_{c,h}+\varsigma_{c,l}\mathrm{dln}w_{c,l}+\varsigma_{c,R}\left(\mathrm{dln}Q_c+\mathrm{dln}R_c\right)\end{array}\right\}\\
&= \sum\nolimits_{i\in I}\lambda_{ci}^{R}\left\{\begin{array}{l}\mathrm{d}M_i+(\beta-\sigma\beta-1)\pi_c\varsigma_{icl}^{x}\dfrac{\mathrm{d}M_i}{(1-M_i)}+\left[(\beta-\sigma\beta-1)\varsigma_{icr}^{x}+\varsigma_{c,R}\right]\mathrm{dln}Q_c\\ +\left[(\beta-\sigma\beta-1)\varsigma_{icl}^{x}+\varsigma_{c,l}\right]\mathrm{dln}w_{c,l}+(2-\sigma)(1-\beta)\mathrm{dln}w_{c,h}+\varsigma_{c,R}\mathrm{dln}R_c\end{array}\right\}
\end{aligned}
\tag{A12}
$$

3. 开始化简高技能市场出清条件：

$$
\begin{aligned}
\mathrm{dln}H_c &= \sum\nolimits_{i\in I}\lambda_{ci}^{h}\left\{\mathrm{dln}X_{ci}+\mathrm{dln}P_{Xci}-\mathrm{dln}w_{c,h}\right\}\\
&= \sum\nolimits_{i\in I}\lambda_{ci}^{h}\left\{\left(-\sigma\mathrm{dln}P_{Xci}+\mathrm{dln}Y_c\right)+\mathrm{dln}P_{Xci}-\mathrm{dln}w_{c,h}\right\}\\
&= \sum\nolimits_{i\in I}\lambda_{ci}^{h}\left\{(1-\sigma)\left[\beta\mathrm{dln}P_{ci}(x)+(1-\beta)\mathrm{dln}w_{c,h}\right]+\mathrm{dln}Y_c-\mathrm{dln}w_{c,h}\right\}\\
&= \sum\nolimits_{i\in I}\lambda_{ci}^{h}\left\{(1-\sigma)\beta\mathrm{dln}P_{ci}(x)+\left[(1-\sigma)(1-\beta)-1\right]\mathrm{dln}w_{c,h}+\mathrm{dln}Y_c\right\}\\
&= \sum\nolimits_{i\in I}\lambda_{ci}^{h}\left\{\begin{array}{l}(1-\sigma)\beta\left[\pi_c\varsigma_{icl}^{x}\dfrac{\mathrm{d}M_i}{(1-M_i)}+\varsigma_{icr}^{x}\mathrm{dln}Q_c+\varsigma_{icl}^{x}\mathrm{dln}w_{c,l}\right]+\left[(1-\sigma)(1-\beta)-1\right]\mathrm{dln}w_{c,h}\\ +(1-\beta)dw_{c,h}+\varsigma_{c,l}\mathrm{dln}w_{c,l}+\varsigma_{c,R}\left(\mathrm{dln}Q_c+\mathrm{dln}R_c\right)\end{array}\right\}\\
&= \sum\nolimits_{i\in I}\lambda_{ci}^{h}\left\{\begin{array}{l}(1-\sigma)\beta\pi_c\varsigma_{icl}^{x}\dfrac{\mathrm{d}M_i}{(1-M_i)}+\left[(1-\sigma)\beta\varsigma_{icr}^{x}+\varsigma_{c,R}\right]\mathrm{dln}Q_c+\left[(1-\sigma)\beta\varsigma_{icl}^{x}+\varsigma_{c,l}\right]\mathrm{dln}w_{c,l}\\ +\left[(2-\sigma)(1-\beta)-1\right]\mathrm{dln}w_{c,h}+\varsigma_{c,R}\mathrm{dln}R_c\end{array}\right\}
\end{aligned}
\tag{A13}
$$

第四步，我们根据其他假设条件对上述表达式进行化简，具体推导过程如下。

1. 从式（A3）、式（A5）可以分别得到：

$$
\lambda_{ci}^{l}=(1-M_i)\frac{P_{Xci}\beta}{P_{ci}(x)\gamma}\frac{L_{ci}}{L_c}\frac{X_{ci}}{L_{ci}}\qquad \lambda_{ci}^{h}=(1-\beta)\frac{X_{ci}}{w_{c,h}}\frac{H_{ci}}{H_c}\frac{P_{Xci}}{H_{ci}}
$$

进一步得到：

$$\lambda_{ci}^{h}=\frac{(1-\beta)w_{c,l}L_{c}}{\beta w_{c,h}H_{c}}\lambda_{ci}^{l}=\varphi_{c}\lambda_{ci}^{l}\quad 其中，\varphi_{c}=\frac{(1-\beta)w_{c,l}L_{c}}{\beta w_{c,h}H_{c}}=\frac{\varsigma_{c,l}}{\beta}$$

2. 从式（A9）可以得到：

$\varsigma_{icr}^{x}=\dfrac{M_{i}Q_{c}}{P_{ci}(x)}$ 表示地区 c 行业 i 的生产中，机器人总投入占任务总成本比例

$\varsigma_{icl}^{x}=\dfrac{(1-M_{i})}{P_{ci}(x)}\dfrac{w_{c,l}}{\gamma}$ 表示地区 c 行业 i 的生产中，低技能劳动力投入占任务总成本比例

$$\pi_{c}=\frac{\varsigma_{icr}^{x}}{\varsigma_{icl}^{x}}\frac{(1-M_{i})}{M_{i}}-1=\frac{\gamma Q_{c}}{w_{c,l}}-1$$

3. 从式（A10）可以得到：

$$\varsigma_{c,l}=\frac{w_{c,l}L_{c}}{Y_{c}}；\quad \varsigma_{c,R}=\frac{R_{c}Q_{c}}{Y_{c}}$$

4. 若 $M_{i}=M_{0}$，$\forall i$，则：

$$\varsigma_{icl}^{x}=\frac{(1-M_{i})w_{c,l}}{\gamma P_{ci}(x)}=\varsigma_{cl}^{x}；\quad \varsigma_{icr}^{x}=\varsigma_{cr}^{x}=1-\varsigma_{cl}^{x}$$

$$\chi_{ci}=\frac{P_{Xci}Y_{ci}}{Y_{c}}=\frac{P_{Xci}\alpha_{i}^{\sigma}P_{Xci}^{-\sigma}Y_{c}}{Y_{c}}=P_{Xci}^{1-\sigma}\alpha_{i}^{\sigma}$$

$$\sum_{i\in I}\alpha_{i}^{\sigma}P_{Xci}^{1-\sigma}=1\Rightarrow P_{Xci}^{1-\sigma}=\frac{1}{\sum_{i\in I}\alpha_{i}^{\sigma}}$$

$$\varsigma_{cl}=\beta\frac{(1-M_{0})w_{c,l}}{\gamma P_{ci}(x)}=\beta\frac{(1-M_{0})w_{c,l}}{\gamma\left[M_{0}Q_{c}+\frac{(1-M_{0})w_{c,l}}{\gamma}\right]}；\quad \varsigma_{cr}=\beta\left[1-\frac{\varsigma_{cl}}{\beta}\right]=\beta-\varsigma_{cl}$$

5. 令 $M_{0}=0$，得：

$$\varsigma_{cR}=0,\ \varsigma_{cr}^{\chi}=0,\ \varsigma_{cl}^{\chi}=1,\ \varsigma_{cl}=\beta$$

$$\pi_{c}=\frac{\varsigma_{icr}^{x}}{\varsigma_{icl}^{x}}\frac{(1-M_{i})}{M_{i}}-1=\frac{\gamma Q_{c}}{w_{c,l}}-1=-1$$

6. 根据上述假设条件，进一步化简式（A11）：

$$\sum_{i\in I}\lambda_{ci}^{l}\left\{\begin{aligned}&\left[(\beta-\sigma\beta-1)\pi_{c}\varsigma_{icl}^{x}-1\right]\frac{\mathrm{d}M_{i}}{(1-M_{i})}+\left[(\beta-\sigma\beta-1)\varsigma_{icr}^{x}+\varsigma_{c,R}\right]\mathrm{dln}Q_{c}\\&+\left[(\beta-\sigma\beta-1)\varsigma_{icl}^{x}+\varsigma_{c,l}\right]\mathrm{dln}w_{c,l}+(2-\sigma)(1-\beta)\mathrm{dln}w_{c,h}+\varsigma_{c,R}\mathrm{dln}R_{c}\end{aligned}\right\}=0$$

化简得：

$$\left[1+(\sigma-2)\beta\right]\mathrm{dln}w_{c,l}-(2-\sigma)(1-\beta)\mathrm{dln}w_{c,h}=(\sigma-1)\beta\sum_{i\in I}\lambda_{ci}^{l}\frac{\mathrm{d}M_{i}}{(1-M_{i})}\tag{A14}$$

7. 根据上述假设条件，进一步化简式（A14）：

$$\mathrm{dln}H_{c}=\sum_{i\in I}\lambda_{ci}^{h}\left\{\begin{aligned}&(1-\sigma)\beta\pi_{c}\varsigma_{icl}^{x}\frac{\mathrm{d}M_{i}}{(1-M_{i})}+\left[(1-\sigma)\beta\varsigma_{icr}^{x}+\varsigma_{c,R}\right]\mathrm{dln}Q_{c}+\left[(1-\sigma)\beta\varsigma_{icl}^{x}+\varsigma_{c,l}\right]\mathrm{dln}w_{c,l}\\&+\left[(2-\sigma)(1-\beta)-1\right]\mathrm{dln}w_{c,h}+\varsigma_{c,R}\mathrm{dln}R_{c}\end{aligned}\right\}=0$$

化简得：

$$(\sigma-2)\beta\mathrm{dln}w_{c,l}+\left[1-(2-\sigma)(1-\beta)\right]\mathrm{dln}w_{c,h}=(\sigma-1)\beta\varphi_{c}\sum_{i\in I}\lambda_{ci}^{l}\frac{\mathrm{d}M_{i}}{(1-M_{i})}\tag{A15}$$

第五步，根据式（A14）和式（A15）求解 $\mathrm{dln}w_{c,h}$、$\mathrm{dln}w_{c,j}$ 的表达式，具体推导过程如下。

$$\begin{bmatrix}1+(\sigma-2)\beta & -(2-\sigma)(1-\beta) & 0 & 0\\(\sigma-2)\beta & 1-(2-\sigma)(1-\beta) & 0 & 0\end{bmatrix}\begin{bmatrix}\mathrm{dln}w_{c,l}\\\mathrm{dln}w_{c,h}\end{bmatrix}=\begin{bmatrix}(\sigma-1)\beta\sum_{i\in I}\lambda_{ci}^{l}\frac{\mathrm{d}M_{i}}{(1-M_{i})}\\(\sigma-1)\beta\varphi_{c}\sum_{i}\lambda_{ci}^{l}\frac{\mathrm{d}M_{i}}{1-M_{i}}\end{bmatrix}$$

1. 求解 $\mathrm{dln}w_{c,j}$ 得到：

$$\mathrm{dln}w_{c,l}=\frac{-\left[(2-\sigma)(1-\beta)-1\right](\sigma-1)\beta\sum_{i}\lambda_{ci}^{l}\frac{\mathrm{d}M_{i}}{1-M_{0}}+\left[(2-\sigma)(1-\beta)\right](\sigma-1)\beta\varphi_{c}\sum_{i}\lambda_{ci}^{l}\frac{\mathrm{d}M_{i}}{1-M_{0}}}{-(1+\sigma\beta-2\beta)\left[(2-\sigma)(1-\beta)-1\right]+(2-\sigma)(1-\beta)(\sigma-2)\beta}$$

$$=\left[1+(2-\sigma)(1-\beta)(\varphi_{c}-1)\right]\beta\sum_{i}\lambda_{ci}^{l}\frac{\mathrm{d}M_{i}}{1-M_{0}}\tag{A16}$$

2. 求解 $\mathrm{dln}w_{c,h}$ 得到：

$$\mathrm{dln}w_{c,h}=\frac{\left[(1+\sigma\beta-2\beta)\varphi_{c}-(\sigma-2)\beta\right](\sigma-1)\beta\sum_{i}\lambda_{ci}^{l}\frac{\mathrm{d}M_{i}}{1-M_{i}}}{-(1+\sigma\beta-2\beta)\left[(2-\sigma)(1-\beta)-1\right]+(2-\sigma)(1-\beta)(\sigma-2)\beta}\tag{A17}$$

$$=\left[\varphi_{c}+(\varphi_{c}-1)(\sigma-2)\beta\right]\beta\sum_{i}\lambda_{ci}^{l}\frac{\mathrm{d}M_{i}}{1-M_{i}}$$

3. 求解当地技能溢价 $\mathrm{dln}w_{c,h}-\mathrm{dln}w_{c,j}$，得到：

$$\mathrm{dln}w_{c,h}-\mathrm{dln}w_{c,l}=\{[\varphi_c+(\varphi_c-1)(\sigma-2)\beta]\beta$$
$$-[1+(2-\sigma)(1-\beta)(\varphi_c-1)]\beta\}\sum_i\lambda_{ci}^l\frac{\mathrm{d}M_i}{1-M_i}$$
$$=(\varphi_c-1)(\sigma-1)\beta\sum_i\lambda_{ci}^l\frac{\mathrm{d}M_i}{1-M_i}$$

进一步将$\varphi_c=\varsigma_{c,l}/\beta$代入上式，并根据$M_i=M_0=0$得到：

$$\mathrm{dln}w_{c,h}-\mathrm{dln}w_{c,l}=(\varsigma_{c,l}-\beta)(\sigma-1)\sum_i\lambda_{ci}^l\mathrm{d}M_i \tag{A18}$$

进一步化简得：

$$\mathrm{dln}w_{c,h}-\mathrm{dln}w_{c,l}=\beta(\varphi_c-1)(\sigma-1)\frac{\tau_c+1}{\tau_c+\varphi_c}\sum_i\lambda_{ci}\frac{\mathrm{d}M_i}{1-M_i} \tag{A19}$$

其中，$\tau_c=L_c/H_c$，$\varphi_c=\varsigma_{c,l}/\beta>1$，$\lambda_{ci}=(L_{ci}+H_{ci})/(L_c+H_c)$表示地区c的产业就业结构。

至此，地区c机器人智能技术应用与当地技能溢价的理论关系式（5-17）证毕。正文第二部分“理论模型与研究假说”中式（5-11）—式（5-16）也相继得证。证毕。